霞庄片羽

太行山区的
民众抗战与生活

武慧敏 著

山西出版传媒集团 山西人民出版社

图书在版编目（ＣＩＰ）数据

霞庄片羽：太行山区的民众抗战与生活 / 武慧敏著.
太原：山西人民出版社, 2025. 4. -- ISBN 978-7-203
-13862-4

Ⅰ. K265.06

中国国家版本馆CIP数据核字第20253TN421号

霞庄片羽：太行山区的民众抗战与生活

著　　者：武慧敏
责任编辑：宣海丰
复　　审：郭向南
终　　审：梁晋华
装帧设计：张永文

出 版 者：山西出版传媒集团·山西人民出版社
地　　址：太原市建设南路21号
邮　　编：030012
发行营销：0351-4922220　4955996　4956039　4922127（传真）
天猫官网：http://sxrmcbs.tmall.com　电话：0351-4922159
E-m a i l：sxskcb@163.com　发行部
　　　　　sxskcb@126.com　总编室
网　　址：www.sxskcb.com

经 销 者：山西出版传媒集团·山西人民出版社
承 印 厂：山西基因包装印刷科技股份有限公司

开　　本：890mm×1240mm　1/32
印　　张：6.625
字　　数：150千字
版　　次：2025年4月 第1版
印　　次：2025年4月 第1次印刷
书　　号：ISBN 978-7-203-13862-4
定　　价：58.00元

如有印装质量问题请与本社联系调换

序

　　2018年7月，中共中央办公厅、国务院办公厅印发《关于实施革命文物保护利用工程（2018 — 2022年）的意见》，实施革命文物保护利用工程。2018年暑期，山西大学历史文化学院、民间文献整理与研究中心即组织了黎城县革命文物的田野调查。

　　为什么要选择黎城县作为案例县呢？这与黎城县的地理区位和抗战时期的战略地位有关。从自然地理形势上看，黎城县位于太行山东南部，四面环山，中间低凹，地形复杂，是太行山中南部的一个小型山间盆地，扼守着太行山东西交通。县境内西北（黎城、襄垣和武乡三县交界地）高，是由一系列高耸陡立的山峰和凹陷不同的山谷组成，海拔1560-2020米，相对高差在1000米以上；北部、东部和南部低，分布着一些山间盆地和河谷平原。清漳河从县境东北自北而南流过，浊漳河从县境西南自北而南流过，形成两条天然的交通孔道。从交通形势上看，黎城县地处东西、南北交通的节点上，交通便利。东西向的滏口陉横穿黎城，向西经神头岭到潞城、长治，向东经东阳关、响堂铺出太行山进入河北，当时也是日本侵略军进入山西的重要通道。从一些革命遗址的分布上，也能看到黎城县战略地位的重要性。黎城县东部有八路军

129 师司令部赤岸村旧址、响堂铺伏击战遗址（位于河北省涉县），北面有八路军前方总部麻田旧址、八路军前方总部南会村旧址、八路军 129 师司令部西河头村旧址（位于山西省左权县），西北面有八路军总部王家峪旧址、八路军总部砖壁村旧址、八路军兵工厂蟠龙镇旧址（位于山西省武乡县），西南面有八路军总部北村旧址、神头岭伏击战遗址（位于山西省长治市潞城区）。在黎城县内有黄崖洞兵工厂旧址、八路军总部河南村旧址、太行造纸总厂旧址、中共中央北方局高干会议北社旧址、八路军总部及抗大总校霞庄旧址、太行区第一届群英大会旧址等。正是因为黎城县独特的地理区位和重要的战略地位，八路军总部、129 师司令部、兵工厂等都是围绕或在黎城县分布。

也是在 2018 年的夏天，受李金铮"新革命史"中把革命史和乡村史相结合观点的启发，我们打算把革命文物（革命史）研究与传统村落研究结合起来，做一个案例研究。案例点就选在了霞庄，这与其特殊性有关。霞庄是中国农村社会从传统到近代再到现代的缩影和见证。霞庄的价值按照时间顺序可以总结为：是传统中国农村社会的见证，霞庄村内的庙宇、民居、街道、祠堂，以及至少延续了 600 多年的王、李二姓在霞庄的姓氏结构，见证着明清 600 年的历史过程；是抗日战争、解放战争时期中国农村社会的见证，保存完好的 1936-1949 年的各类账本，其中不乏霞庄为抗战和解放战争提供物资的账本，见证着霞庄为中华人民共和国成立做出的无私奉献，同时，也见证着战争时期中国农民的生产和生活，村中大量的抗战遗址，见证了霞庄在抗日战争中的历史进程；是中华人民共和国成立之后中国农村发展变迁的见证，保存完好的 20 世纪六十年代到 21 世纪初的齐全的村庄账本，见证着新中国时期中国农村经济、社会发展的过程。也正因为如此，霞庄有了第三批中国传统村落、第七批中国历史文化名村、山西省国防教育示范基地、山西省特色文化建设村等头衔。简单地说，霞庄就是传统文化与抗战文化相结合的典范。

慧敏是我的第一个硕士研究生，2017 年入学。入学后，我们就一直讨论要选择什么题目。我的专业方向是历史聚落地理和传统村落研究，慧敏一直希望做革命史研究。这两者之间似乎没有能够衔接的地方，我对革命史也不了解，就一直找不到两者之间的契合点。霞庄的出现，这个问题就迎刃而解了。案例点确定之后，我们即开始了学术史的梳理和田野调查工作。

2018 年 7 月、11 月，2019 年 1 月，我们对霞庄进行了 3 次田野调查，走遍了霞庄的每一个院落，在村内共收集到约 30 通碑刻，在村长李建华家共收集到 58 册、2816 页民间文书（含抗战文书），包括各类收粮账、整分账、夏屯账、评丈账、负担账、契约、收支账、存根等，时间范围从 1937 年到 1953 年。这些文献为霞庄村落历史和民众生活的研究奠定了坚实的文献基础。这里要特别感谢李建华村长，为我们的田野调查提供了方便，不仅带我们走遍了霞庄的每个角落，还为我们提供了珍贵的历史文献。这是需要特别指出并表示特别感谢的。

这部小书是在慧敏的硕士学位论文的基础上修改而成的。正如她在书中所言："深入具体的个案村庄霞庄，将档案资料、太行文书、田野调查资料相结合，审视八年抗战过程中的村庄历史与民众生活，从中共到达后整个村庄党员、民兵的发展到村民农业增产和文化变革，再现抗战时期太行民众的抗战故事。"全书从党组织建设、群众参军作战、农业生产、社会文化变革4个方面比较系统的梳理了霞庄抗战时期的村落历史和民众生活，从微观视角较好地探讨了抗战时期中国共产党与霞庄村民如何建立起相互信任的关系，以及共同抗敌和共同生活、生产，共同建设霞庄的良好关系。在研究视角上和所用资料上，本书是比较有新意的，对推动抗战史、村落史研究的发展有一定的贡献。

当然，这本小书也还存在着不少问题。第一，对史料的挖掘还有所欠缺，如没有对书中提到的高一帆、赵涛等历史人物和《太行山报》（《黎明报》）、《黎城小报》等报刊进行进一步的资料挖掘和解读；第二，对史料解读的深度还不够，如收集到的收支粮账的利用的解读还有继续深入的空间；第三，抗战史和村落史的结合还不够，特别是对人的研究，书中只有整体的人，对书中提到的特别人物的研究不够，这就影响了抗战史和村落史的结合以及研究的深度。这些既是问题，也是以后继续深入研究的地方。

是为序。

刘伟国

2025 年 2 月 16 日

目　录

为什么是霞庄

为什么是霞庄

在晋东南地区，有这样一个村庄，它于 2014 年 11 月获准进入第三批中国传统村落保护名录；2019 年，获批进入第七批中国历史文化名村保护名录，它就是山西省长治市黎城县停河铺乡的霞庄村。

这座静谧的村庄在阳光的照耀下，美得如同一幅清秀的山水田园画。说霞庄美，就看它保存完整、古香古色的 31 座明清院落便可知道；说它美，1500 余年的建村历史中，传承不息的是尊师重教的美德；说它美，它是刘伯承、邓小平等一大批老一辈无产阶级革命家曾经工作和生活的地方，每一寸土地都浸染着红色的血液。

穿过城市的喧嚣，一路向北，霞庄村出现在眼前。

才到村口，就看到古老的大青石条砌成的村门，质朴而又饱含沧桑；村庄里一条条小路交错相通，路边房屋的青石根基已被岁月打磨得黝黑发亮；明清时代的建筑风格宛若走进了时光隧道，回到了从前……

一进村就能看见一个古老的戏台，明代风格，虽然历经沧桑，但是仍然显露出很高的建筑艺术水平。戏台的屋檐下雕琢的斗拱十分精美，旁边是一条窄窄的街道，两边密密麻麻坐落着明清时期的古院落，大都保留着原本的古朴。顺着这条街道向前走，随处可见分开的岔路，路面用磨光的石头铺成，没有杂草，干净而有韵味……

在一处古院子前，有几盘完整的石磨和已经废弃的辘轳井，这些还没有远去的"古董"仿佛正在诉说着岁月的沧桑巨变。行走在村里，感触最深的就是它的安逸祥和，没有汽车的轰鸣，没有人声的嘈杂，偶尔从远处传来的几声犬叫，给它增添了几分悠远的宁静。居住在这里的人们该是多么的安逸啊！虽然村里没有显赫的府邸和大宅门，但是一座座紧密相连的质朴宅院彰显出了村民们对生活的热爱，演绎出普通百姓的幸福。

霞庄是一个尊师重教的村庄，在村里的许多围墙上都张贴着有关求学、育人、礼让等内容的宣传画，这是霞庄的特色。村民们说，霞庄是远近闻名的文风村、文明村，李王两大家族和谐相处，村级管理遵循"以文养德，以德治村"的原则。

霞庄村是从办学起家的，历代尊师重教，耕读传世。据《霞庄村志》记载，明清时期霞庄村私塾有数家，1903年霞庄村就创办了公立小学堂，1913年改为国民初级小学。师之严名扬乡里，教育有方，高徒辈出。除本村和邻村学生外，外乡外县前来寄宿求学者不在少数。据不完全统计，明清两代，村中读书人考取秀才以上者有300余人，占到全村总人口的12%，比例非常之高，文风村之称并非虚传。

正是注重文风的传承，霞庄的文化底蕴非常深厚，其一便体现在日常的人际交往上。霞庄的村民遇到邻里亲戚或外乡熟人，都会主动打招呼，以示亲切。即便出现吵嘴也很少听见脏话。村中一直流传着早年村妇李凤与他人发生口角时，激动地说出了"你若好告状，我也不怕官；你若好吃醋，我也不嫌酸"的话语。虽然这个小故事听起来有些久远，但这的确印证了霞庄人崇文尚德的优良传统。

在霞庄的许多古院落门口，都会看到一块牌子，上面写着"刘伯承故居""邓小平故居""抗日文化接待站"……村民们会津津有味地讲述每一个院子曾经发生过的故事。这些珍贵的革命印记就是流淌在霞庄的红色基因。

2006年深秋，宋任穷将军的女儿宋勤、儿子宋青荒，专程来霞庄参观，追寻刘伯承、邓小平等老一辈无产阶级革命家的足迹。2007年，海军政治部创作室主任、全国著名作家黄传会慕名参观了霞庄，在赵树理、冼星海曾经工作过的抗日文化接待站，寻找抗战时期文化艺术的根源。

正因为霞庄具备了进可攻、退可守的地理优势，而且民风淳朴，1937年10月，八路军115师工作团来此宣传《抗日救国十大纲领》，使群众明确了共产党八路军的抗战主张，后来全村相继有10多名进步青年参加了县牺盟游击队。

1938年初春，129师师部转移到黎城县，刘伯承、邓小平、李达住在霞庄。1940年2月晋冀豫省委以及所属省委党校、新华书店、先锋剧团、抗日文化接待站也先后进驻霞庄。一时间霞庄成为共产党在太行山抗日根据地的核心。

在当时的抗日氛围中，霞庄村的老百姓不甘落后，争当先锋。在中共霞庄党支部的领导下，成立了农救会、青救会、妇救会、儿童团等抗日组织，宣传、支持抗日。妇女们做军鞋、纳鞋底；男人们运送军粮、转送伤员；民兵连配合正规部队直接参加战斗。那段可歌可泣的抗战岁月，成为霞庄人心目中最为荣耀的记忆，也成为霞庄 1500 年历史中辉煌的一页。

太行山雄踞华北腹地，地理位置优越，自古便是兵家必争之地。全民族抗日战争开始后，中国共产党依据太行山创建了晋冀豫敌后抗日根据地。此后，太行山区的群众与中国共产党一起开始了长达八年的抗日斗争。在这期间，作为中国共产党重要敌后根据地之一的太行山区，面对日军"扫荡"与我党、我军的进驻，村庄发生了怎样的变化？村民的生活有哪些改变？村中存在着哪些抗战故事？带着这些问题，我开始深入乡村调查，试图呈现抗战期间普通乡村的社会状况，从而还原有血有肉的抗战历史。

再现抗日战争时期太行山地区的民众生活，也有利于推动抗战研究进入村庄，走向微观。近年来，关于根据地社会史的研究不断深入，学界从政治、经济、文化，以及社会具体问题等方面进行探讨，取得了相当大的成就。但缺乏挖掘基层社会和普通民众的主体性，缺乏革命史与乡村史的结合。所以要从微观出发，将乡村抗战故事嵌入根据地社会史中，这是有着重要意义的。

第一，这有利于进一步强调战争中百姓的主体地位。在抗战时期，正是千百万群众在后方积极支援前线战士，为他们送粮送水，掩护伤员，送子参军，才成就了抗日战争的伟大胜利。所以，普通百姓是这场战争的最佳见证者，我们应立足乡村，将抗战中百姓的故事呈现给大家，体现出他们的主体性与重要性。

第二，这有利于丰富太行精神的内涵。太行根据地是中国共产党在抗日战争时期建立的重要根据地之一，是晋冀鲁豫根据地的重要组成部分，是中共北方局和八路军总部所在地，被誉为中国抗日战争走向胜利的第一块基石。抗战期间，八路军和太行儿女在此开展了多次游击战争，面对外来侵略者，百姓们团结一心，奋起反抗，形成了不怕牺牲、不畏艰险、万众一心、无私奉献的太行精神，为抗日战争的胜利做出了卓越的贡献。今天，讲述太行山地区普通百姓的抗战故事，更能丰富太行精神的内涵。

综上，笔者欲将霞庄村作为个案，结合黎城县档案馆的现存资料、霞庄村所存太行文书以及口述资料等，运用历史学的实证方法、人类学的口述法等，通过书写霞庄人民抗战的历史故事，挖掘乡村文化，促进历史文化名村保护和开发，为乡村振兴战略献一份力。

研究现状

研究现状

太行根据地是华北地区敌后幅员最大、人口最多的晋冀鲁豫边区中最重要的一个根据地，有着重要的战略地位，在抗日战争中起到了至关重要的作用。随着研究方法与研究理论的不断创新，关于太行根据地的研究不再拘泥于以往的政治、军事等宏观领域，根据地社会史的研究领域不断扩大，研究成果也越来越丰富。①

一、综合性研究

澳大利亚学者大卫·古德曼的《中国革命中的太行抗日根据地社会变迁》②一书，作者历经十余年在太行老区的左权、武乡、黎城、涉县等17个县市多次进行了实地考察和采访，深入探讨和研究太行抗日根据地社会变迁的过程，最终将辽县、武乡、黎城作为研究的重点，对民众的动员、民主政治制度的推行、经济建设等做了详细的介绍来反映社会变迁。国内研究中，魏宏运的《二十世纪三四十年代太行地区社会调查与研究》③一书从农业变革、农

---

① 本章节中的研究成果截止到2020年。
② 古德曼著，田酉如等译：《中国革命中的太行山抗日根据地社会变迁》，北京：中央文献出版社，2003年。
③ 魏宏运：《二十世纪三四十年代太行地区社会调查与研究》，北京：人民出版社，2003年。

村借贷、商业贸易、工矿业发展、村落家族变迁、文化新风尚等多个角度对根据地的社会变迁进行了全方位的分析。此外,2005年山西抗战口述史课题组编纂的三部《山西抗战口述史》①中收集了1500多位老人的口述资料,经过严密的论证和认真筛选,以学术著作的框架出版。该书利用真实的个案讲述历史,力图还原事实的本来面貌,采用口述的方式,具有极大的生动性与真实性,开启了抗日战争研究的新视角。马瑞《回顾与展望:太行抗日根据地史研究的一个侧面》②对太行根据地革命史的研究进行整理与展望,并提出未来研究的新方向,实现视角的转移,拉长研究时段,加强个案分析,实现以小见大。

二、具体方面的研究

根据地社会史的包含面是广泛的,涉及根据地人的社会生活、社会关系,以及一些社会问题,笔者将以往的研究成果分为以下几个方面:

1. 教育与文化生活

(1)教育的发展影响着人、社会、国家的发展,教育水平是衡量一个地区是否文明的重要依据。

根据地冬学的研究:郭夏云《冬学与山西根据地乡村新权力

---

① 张成德,孙丽萍:《山西抗战口述史 第1部暴行·奴役·苦难》《山西抗战口述史 第2部呐喊·觉醒·抗争》《山西抗战口述史 第3部浴血·丰碑·回望》,太原:山西人民出版社,2005年。
② 马瑞:《回顾与展望:太行抗日根据地史研究的一个侧面》,《山西高等学校社会科学学报》,2019年第2期。

阶层的生成》①，讲述了冬学对于根据地乡村新阶层的意义。冬学为他们提供了革命思想启蒙、觉醒、成长的环境，从而推动根据地政治生态的重构。苏泽龙《抗战时期太行根据地的冬学运动》②认为太行根据地的冬学与农村中的传统冬学不同，这种学习是将政治教育与文化相结合，不仅提高了人民群众的文化水平，而且起到了宣传的作用，为抗战奠定了群众基础和思想基础。

根据地学校教育的研究：中国昌《抗战时期晋察冀边区小学教育研究》③描述了中共对乡村教育的课程改革，推行新的教育政策，提高教学质量，从而保证乡村儿童的正常学习。李常宝《抗战时期太行根据地的小学教育研究》④以新的角度，通过对小学教员的从业态度、个人心态，以及小学教育的方针等来研究根据地的小学教育。王星慧《抗日根据地之贫童教育探析 1937—1945》⑤以贫童教育为研究对象，探析贫童教育所取得的成就与不足，进而从一个侧面探求抗日根据地贫童教育对中国现代化进程的影响。

（2）戏剧艺术等是农村大众喜闻乐见的一种娱乐方式，是农民生活状况的缩影，通过戏剧艺术的变化，可以看出农村社会生活的变迁。

共产党对农村戏剧的利用：韩晓莉《战争话语下的草根文

---

① 郭夏云：《冬学与山西根据地乡村新权力阶层的生成》，《华南农业大学学报（社会科学版）》，2016 年第 1 期。
② 苏泽龙：《抗战时期太行根据地的冬学运动》，《教育理论与实践》，2006 年第 4 期。
③ 中国昌：《抗战时期晋察冀边区小学教育研究》，《抗日战争研究》，2012 年第 3 期。
④ 李常宝：《抗战时期太行根据地的小学教育研究》，《安徽诗学》，2018 年第 5 期。
⑤ 王星慧：《抗日根据地之贫童教育探析 1937—1945》，《东北师大学报（哲学社会科学版）》，2015 年第 1 期。

化——论抗战时期山西革命根据地的民间小戏》①，以山西革命根据地的戏剧为对象，分析了战争话语下草根文化在内容、形式和功能方面的转变及其与政治在乡村社会的结合，密切了党与根据地群众的联系，使政治融入根据地社会生活中。张宏华的《晋察冀抗日根据地的乡村戏剧研究》②中，中共发动艺人、知识分子进行剧本创作等戏剧参与工作，引导剧本内容由娱乐为主向政治教化为主转变，实现了对农民的政治动员，并赢得了意识形态在基层农民中的认同。

根据地民歌的创作：路畅《抗战时期革命歌谣的创作——以山西革命根据地为中心的考察》③一文讲述了革命歌谣的创作，这些歌谣既有普通民众的亲历创作，也有文艺工作者的宣传创作，具有强烈的革命性与时代性，在社会动员方面发挥着文字宣传难以企及的积极作用。段友文《人民口碑文学中的太行山抗战史——论左权抗战民歌》④对抗战时期左权民歌进行分析，认为抗战民歌表述正义之战，谴责侵略，赞颂英雄，蕴含着人民大众维护正义的民族精神和爱好和平的情怀。

2. 节日习俗与社会问题

社会风俗是社会大多数人经常重复的行为方式，它对人们的

---

① 韩晓莉：《战争话语下的草根文化——论抗战时期山西革命根据地的民间小戏》，《近代史研究》，2006 年第 6 期。
② 张宏华：《晋察冀抗日根据地的乡村戏剧研究》，《党的文献》，2017 年第 2 期。
③ 路畅：《抗战时期革命歌谣的创作——以山西革命根据地为中心的考察》，《文艺研究》，2014 年第 5 期。
④ 段友文：《人民口碑文学中的太行山抗战史——论左权抗战民歌》，《文艺理论与批评》，1998 年第 3 期。

影响是潜移默化的，是社会特定的产物，与社会制度和社会变动有密切关系。

共产党对于根据地节日的利用：在魏宏运的《抗日战争时期太行山的春节文化风貌》①一书中，讲述了新文化进入山区，使太行区的春节有了前所未有的改变，激发了人们的热情；李军全的《"统一"与"独立"的双重思虑：中共根据地节庆中的国旗和党旗》②，从国旗党旗的使用为切入点，中共适时调整策略，灵活地将国旗党旗与节庆活动结合起来，不仅使中共显示出自己的独立，还进一步增强了民族自信心；王荣花的《中共革命与太行山区社会文化的变迁（1937—1949）》③，将中共革命中太行山农村社会文化变迁与社会改革的过程予以"实相"的描述，在一个以小农经济为主、被传统意识形态束缚着的落后的社会中，中国共产党是如何控制和倡导一种新的文化，并将这种新的文化纳入政权建设与社会变迁的过程中，以超然的政治力量来唤醒和组织民众完成乡村社会改造。

社会问题的整治：渠桂萍《也谈抗日战争时期中共对"二流子"的改造——与其他政权实体比较的视野》④一书中，中共对一些乡村无产无业危害社会的人群进行改造，对乡村脱序者进行了专项

---

① 魏宏运：《抗日战争时期太行山的春节文化风貌》，《广东社会科学》，2001 年第 3 期。
② 李军全：《"统一"与"独立"的双重思虑：中共根据地节庆中的国旗和党旗》，《江苏社会科学》，2014 年第 1 期。
③ 王荣花：《中共革命与太行山区社会文化的变迁（1937—1949）》，2011 年河北大学博士论文。
④ 渠桂萍：《也谈抗日战争时期中共对"二流子"的改造——与其他政权实体比较的视野》，《华中师范大学学报（人文社会科学版）》，2017 年第 1 期。

整治，对传统制约资源进行创造性的转化，将社会角色、道德机制有效地结合，成功彰显了中共的形象。肖红松《论华北抗日根据地、解放区的禁毒法规及其特点》[1]从禁烟运动出发，中共将肃清烟毒作为重要目标，制定法律法规，有效打击了这一毒害行为，净化了社会环境，形成了良好的社会风气。刘轶强《革命与医疗——太行根据地医疗卫生体系的初步建立》[2]、郝平《太行太岳革命根据地的医疗卫生建设与改造》[3]则从医疗角度开展，切身地解决村民的实际问题，革新群众医疗卫生观念，实现了医疗卫生的建设，使得广大民众的医疗卫生观念得到更新。

3. 妇女解放与婚姻

（1）抗战时期，女性作为一股新生力量，加入抗战队伍中，发挥着不可估量的作用，女性参战与妇女解放有着莫大的关系。

妇女解放与政治动员：邓群刚《抗战时期太行根据地的妇女工作及其意义——以河北省邢台为中心的考察》[4]侧重研究中共对妇女政治动员的方法与途径，妇女解放不仅把广大女性从家庭和传统观念中解放出来，而且为抗战胜利和社会生产做出了极大贡献，为新中国全国妇女解放工作奠定了基础。江沛《"三寸金莲"

---

① 肖红松：《论华北抗日根据地、解放区的禁毒法规及其特点》，《河北大学》，2012年第2期。
② 刘轶强：《革命与医疗——太行根据地医疗卫生体系的初步建立》，《史林》，2006年第3期。
③ 郝平：《太行太岳革命根据地的医疗卫生建设与改造》，《福建论坛（人文社会科学版）》，2016年第9期。
④ 邓群刚：《抗战时期太行根据地的妇女工作及其意义——以河北省邢台为中心的考察》，《长白学刊》，2015年第4期。

之变：华北中共根据地的政治动员与女性身体》^①从女性的身心健康出发，讲述"三寸金莲"对女性的迫害。中共到达华北根据地对妇女进行了教育，解放了她们的思想，起到了政治动员的作用。刘洁《抗战时期太行山区妇女劳动力的开发及成效》^②侧重结果分析，讲述了根据地女性得到解放后对根据地发展的贡献。刘晓丽《山西抗日根据地的妇女纺织运动》^③、曲晓鹏《乡村传统与妇女解放——论晋察冀抗日根据地保障妇女权益》^④、王微《华北抗日根据地乡村妇女形象的重塑》^⑤、张玮《华北及陕甘宁抗日根据地女性英模的生活》^⑥等，讲述了妇女怎样解放，从而保障自身利益，最终为抗战做出不可磨灭的贡献。

（2）婚姻是人类生活的重要内容之一，它是家庭的基础，是一种社会规范制度，婚姻制度的变动紧紧地影响着社会的变动，它是研究根据地社会史的重要标尺。

杜清娥《太行抗日根据地女性婚姻家庭待遇及其冲突》^⑦、江沛《传统、革命与性别：华北根据地"妻休夫"现象评析（1941—1949）》^⑧，这两篇文章从离婚案件入手，着重讲述了旧社会妇女

---

① 江沛：《"三寸金莲"之变：华北中共根据地的政治动员与女性身体》，《福建论坛（人文社会科学版）》，2016 年第 1 期。
② 刘洁：《抗战时期太行山区妇女劳动力的开发及成效》，《山西档案》，2014 年第 3 期。
③ 刘晓丽：《山西抗日根据地的妇女纺织运动》，《晋阳学刊》，2005 年第 3 期。
④ 曲晓鹏：《乡村传统与妇女解放——论晋察冀抗日根据地保障妇女权益》，《广西社会科学》，2014 年第 4 期。
⑤ 王微：《华北抗日根据地乡村妇女形象的重塑》，《河北大学学报（哲学社会科学版）》，2014 年第 2 期。
⑥ 张玮：《华北及陕甘宁抗日根据地女性英模的生活》，《安徽史学》，2016 年第 5 期。
⑦ 杜清娥：《太行抗日根据地女性婚姻家庭待遇及其冲突》，《安徽史学》，2016 年第 3 期。
⑧ 江沛：《传统、革命与性别：华北根据地"妻休夫"现象评析（1941—1949）》，《四川大学学报（哲学社会科学版）》，2014 年第 3 期。

在家庭婚姻中的不平等地位，以及由此引发的悲剧。岳谦厚《抗战时期中国共产党军婚保障机制——以华北抗日根据地为中心的考察》①，阐述了军人这个特殊群体的婚姻，从最初的婚姻自由到保护军婚条例颁布再到限制军人离婚，反映出中国共产党在妇女与军人离婚问题上的巧妙应对，从而保障了社会的有效运行。张志永《政治与伦理的统一：华北抗日根据地和睦家庭的建设》②，从家庭建设运动出发，论述了华北根据地的和睦家庭建设运动，改良了家庭关系，解放了妇女，巩固了农民阶级统一战线。

4. 农村组织的发展

中共成立之后，便不断壮大自己的实力，积极发展党员，培养干部，建立民兵组织。

李秉奎《太行抗日根据地中共农村党组织研究》③一书，对抗战时期太行根据地中共农村党组织发展的基本过程作了详细的考察。邓群刚《抗战前十年的乡村自治实践——以河北省为中心的考察》④、张文俊《论山西抗日根据地的基层干部》⑤，侧重于根据地村政的建设、党员的培养。通过一系列的改革促进了干部群体的变化与整体提升，改变了传统乡村的运行规制，具有重大的历

---

① 岳谦厚：《抗战时期中国共产党军婚保障机制——以华北抗日根据地为中心的考察》，《华中师范大学学报（人文社会科学版）》，2017 年第 1 期。
② 张志永：《政治与伦理的统一：华北抗日根据地和睦家庭的建设》，《河北师范大学学报（哲学社会科学版）》，2009 年第 3 期。
③ 李秉奎：《太行抗日根据地中共农村党组织研究》，北京：中共党史出版社，2011 年。
④ 邓群刚：《抗战前十年的乡村自治实践——以河北省为中心的考察》，《前沿》，2011 年第 8 期。
⑤ 张文俊：《论山西抗日根据地的基层干部》，《福建论坛（人文社会科学版）》，2017 年第 5 期。

史意义。赵诺《抗战相持阶段中共华北根据地干部的进退升降》①是对根据地内部干部群体的研究。由于形势变化，对根据地干部造成严峻的考验，于是产生了干部的升降进退问题，也改变着根据地干部队伍的群体样貌和内部结构。王龙飞《从"民"到"兵"：抗战时期太行区的兵员问题》②讨论了在义务兵制推行下，太行民众由民到兵，确保了武装力量的可持续发展。姜涛《中共抗日根据地的民兵、自卫队——以太行根据地为例》③阐述了根据地的新团体——民兵组织，他们作为一座"桥梁"，使中共通过他们更加稳固地掌握基层政权，而且他们成为一种新型的武装力量，成为中共夺取胜利的后盾。

5. 农民意识

农民的直观感受与心态转变，往往折射出事物的另一方面，为我们呈现出与以往不同的结果。

徐畅《印象与认识：抗战时期鲁西冀南乡村老百姓眼中的八路军》④《战乱与生存：抗战时期鲁西冀南乡村平民生活管窥》⑤《抗战时期鲁西冀南乡村百姓眼中的伪军——关于其形象及成因的研

---

① 赵诺：《抗战相持阶段中共华北根据地干部的进退升降》，《抗日战争研究》，2017 年第 2 期。
② 王龙飞：《从"民"到"兵"：抗战时期太行根据地的兵员问题》，《开放时代》，2019 年第 4 期。
③ 姜涛：《中共抗日根据地的民兵、自卫队——以太行根据地为例》，《抗日战争研究》，2014 年第 3 期。
④ 徐畅：《印象与认识：抗战时期鲁西冀南乡村老百姓眼中的八路军》，《华中师范大学学报（人文社会科学版）》，2017 年第 2 期。
⑤ 徐畅：《战乱与生存：抗战时期鲁西冀南乡村平民生活管窥》，《安徽史学》，2016 年第 4 期。

究》①,从村民的角度出发,讲述了他们对八路军、伪军的认识。八路军用他们的所作所为赢得了老百姓的认可,他们在鲁西冀南的发展过程,可以看作是中共在敌后发展壮大的缩影。魏宏运《抗战第一年的华北农民》②,以抗战中的华北农民为主体,把农民的主体意识和个别现象区别开来,把不同时间和不同地域的农民区别开来,从华北农民的抗日热情、农民在游击队兴起中的作用与功绩、农民在战争中的新形象三方面来论述华北农民在抗战第一年的表现。李金铮在《土地改革中的农民心态:以 1937—1949 年的华北乡村为中心》③指出,以往关于土地改革的研究主要局限于简单的"政策—效果"模式,忽略了乡村社会尤其是农民大众的心态、行为及其与土地改革的互动关系,中共土地政策使得农民的传统心态历经了空前的激荡和改造,同时一些传统心态也在延续放大。

除此之外,郝平《论太行山区根据地的生产自救运动》④《太行、太岳革命根据地粮食危机及应对》⑤《太行、太岳革命根据地煤矿业发展》⑥,则立足山西,论述革命根据地所发生的各种社会问题;李常宝《抗战时期山西一贯道探微》⑦,从秘密组织出发,探究其

---

① 徐畅:《抗战时期鲁西冀南乡村百姓眼中的伪军——关于其形象及成因的研究》,《福建论坛(人文社会科学版)》,2016 年第 3 期。
② 魏宏运:《抗战第一年的华北农民》,《抗日战争研究》,1993 年第 1 期。
③ 李金铮:《土地改革中的农民心态:以 1937—1949 年的华北乡村为中心》,《近代史研究》,2006 年第 4 期。
④ 郝平:《论太行山区根据地的生产自救运动》,《山西大学学报(哲学社会科学版)》,2005 年第 5 期。
⑤ 郝平:《太行、太岳革命根据地粮食危机及应对》,《安徽史学》,2016 年第 6 期。
⑥ 郝平:《太行、太岳革命根据地煤矿业发展》,《抗日战争研究》,2012 年第 3 期。
⑦ 李常宝:《抗战时期山西一贯道探微》,《抗日战争研究》,2017 年第 1 期。

对根据地群众的影响；岳谦厚《抗战时期日军对山西的毒化侵略》①《抗战时期日本对山西工矿业的掠夺与破坏》②，讲述了日军对山西的暴行；冯小红《太行山文书所见抗战时期文献及其价值》③，利用民间文书分析根据地的政治经济发展与民众生活；晏雪莲、孟伟《太行抗日根据地灾荒时期的军民共渡——以孔家峧抗战文书为例》④，通过孔家峧所存的抗战文书讲述灾荒时期军民如何齐心面对灾荒，表现出根据地的军民情。

三、霞庄的研究成果

王成武、汪宙峰《基于旅游审美层次的传统村落价值分析——以山西省历史文化名村霞庄为例》⑤以旅游美学为理论基础，提出从旅游审美层次的角度对传统村落的旅游资源进行评价，并对中国第三批传统村落山西省黎城县霞庄村进行评价，以期为今后的旅游开发提供一定的理论借鉴。

总的来说，对于太行山社会史的研究，取得了很大的成就。学者已经从宏观的政治、军事方面转向微观乡村方面，突破了以往的传统革命史的书写方法，开始深入乡村调查研究寻常百姓的生活，涉及婚姻、教育、家庭等，注重百姓的生活与感受，揭示

---

① 岳谦厚：《抗战时期日军对山西的毒化侵略》，《抗日战争研究》，2012 年第 1 期。
② 岳谦厚：《抗战时期日本对山西工矿业的掠夺与破坏》，《抗日战争研究》，2010 年第 4 期。
③ 冯小红：《太行山文书所见抗战时期文献及其价值》，《宁夏社会科学》，2016 年第 6 期。
④ 晏雪莲，孟伟：《太行抗日根据地灾荒时期的军民共渡——以孔家峧抗战文书为例》，《党史文汇》，2019 年第 11 期。
⑤ 王成武、汪宙峰：《基于旅游审美层次的传统村落价值分析——以山西省历史文化名村霞庄为例》，《旅游纵览（下半月）》，2015 年第 10 期。

中共政策在运行中的曲折。但是在研究视角上，根据地社会史缺乏革命史与乡村个案的结合，缺少政策实施中党与百姓的互动；在史料运用上，仍以档案、报刊等资料为主，缺少新资料的使用；而霞庄作为一个极具传统价值与红色价值的村庄，仅有一篇研究成果且还是侧重旅游发展，这是远远不够的。所以，本文将延续对根据地社会史的研究，以"地毯式"田野作业的方式，深入具体的个案村庄霞庄，将档案资料、太行文书、田野调查资料相结合，审视八年抗战过程中的村庄历史与民众生活，从中共到达后整个村庄党员、民兵的发展到村民农业增产和文化变革，再现抗战时期太行民众的抗战故事。

第一章

战争前的霞庄

第一章　战争前的霞庄

太行山位于山西省与华北平原之间，是中国地形第二阶梯的东缘，呈东北—西南走向，绵延 400 余千米；山势险峻、沟壑纵横，多数地方贫瘠不堪，境内有清漳河、浊漳河、滹沱河等。因其山高路险，道路崎岖，太行山居民过着清贫但又平静的小农生活，日出而作日落而息，虽生活艰难但也其乐无穷。依附太行山存在的村庄众多，霞庄便是这众多普通村庄中的一个。

历史文化名村——霞庄

第一节　地理区位

黎城县位于山西省东南部,长治市东北部,东临河北涉县,南接平顺、潞城,西连襄垣、武乡,北接晋中左权,地处晋、冀、豫三省交界处,是山西省的"东大门"。县境属太行山腹地,西北部峰岭高耸,气势磅礴;东南、西南部坡势较缓,丘陵起伏;南部为群峰环翠的山间盆地,全境有"一川三丘六分山"之说。县内水资源丰富,清漳、浊漳二河襟带南北。[①] 县内共有大小道 13 条,境内有邯长大道,南从浊漳河畔的赵店入境,经县城、东阳关,由下湾出境到达河北涉县,交通便利。这些都为开展抗日根据地进行游击战争提供了有利的条件。[②]

霞庄位于黎城的南部,黎城沉积盆地的北部,东北接苏村,东南濒北停河,西南临西宋村,正西临元村,这些村庄均距离霞庄不到一千米,将霞庄围绕其中。村北五里便为蟒山,村东、南、西有三条护村沟,沟宽 50—100 米,沟深 5—7 米,村南建有二十余米宽的林带,古槐、古杨百年不伐,粗而高大,形成霞庄的天然屏障。宋天圣三年(1025 年),县城由古县迁于白马驿(今县城),霞庄便成为通往蟒山以北地区的必经之道,来往于此的人络绎不绝。

---

① 黎城县志编纂委员会编:《黎城县志》,北京:中华书局,1994 年,第 1 页。
② 中共黎城县委党史研究室:《中国共产党黎城县简史(1937—1949)》,北京:新华出版社,1991 年,第 30 页。

霞庄的村庄建设是有规划的，特别是明嘉靖年间以来的建设，讲究外观，布局合理，注重质量。村中地势北高南低，东西高中间低。全村周长 4.5 里，有庭房 31 座，155 间；有砖木结构楼房 50 余栋，230 多间。村大而严谨，街巷整而不散，村内九街十五巷，五道街、庙街、后街、圪道街、西头街、家东街、家西街、大圪廊、圪道前街与迷鬼巷、纺织巷、文武巷、将军巷、王氏巷、支前巷、先锋巷、启蒙巷、西头前后巷等相互交错，皆呈丁字形，俯瞰像龟背图，进村犹如迷宫。村中有林，林中有村，自古就有"远看有村近看无村"的说法。村内的房屋建设一家挨一家、一户靠一户，在政治上便于管理，在经济上便于交往，在文化上便于交流，形成一个非常适合长期居住的地方。除建造房屋供人居住生活外，家家户户还有一小块余地，大小不等，一可种树植木，二可堆积柴草，三可存放垃圾，不仅可以美化环境，还可以为作物提供肥料。而且从村庄街巷布局、造型上的"前低后高"、宏观上的"棋盘状"平衡，以及池塘和林带环绕，能够反映出霞庄人才辈出，这种布局具有相当高的科学水平，人们居住在这种环境中，身心舒适。

村东南建有五龙大庙，其旁有文昌阁，殿阁陪衬，气势磅礴宏伟；村南有魁星楼，四周环绕明廊，前有石台五尺高，楼房两层 20 余米，十里之内风景尽收眼底；村正南青石筑台高数丈，建有南海观音堂庙，正对南北大街；村北建有关帝庙和春秋阁；村西建有西阁；村中间建有真武庙。观音庙旁建有水池，池水四季不竭，池旁有拱桥，夏秋池满，由桥下外溢形成瀑布，流入殿宇后的东西两长池。两长池间有通道，常引行人多驻足于此。水汇于圆池，水满则溢入长池，风水格局极为讲究。霞庄北有蟒山自高而下，层层相属的阶梯状阻挡，南有池塘水网环抱。北有青山秀，南为水乡景，霞庄便在这山环水抱之中。众所周知，有"山环"可阻挡风沙，有益于作物生长；有"水抱"，既可以利用水来灌溉，也可以利用植被调节气候，从环境地理学来看，霞庄实为一块宝地。

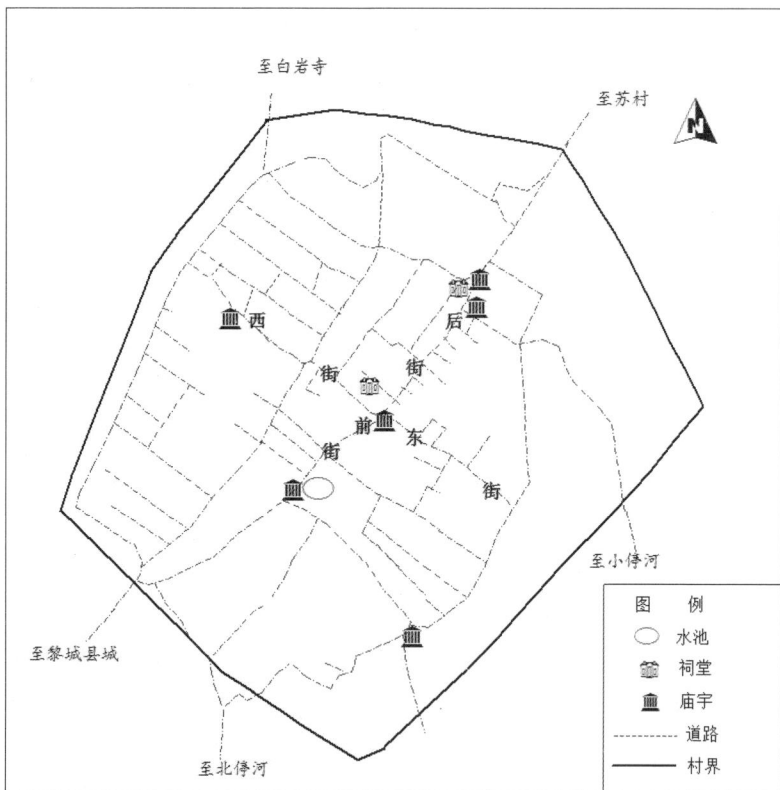

霞庄村格局图

底图来自2016年《霞庄历史文化名村保护规划书文物及历史建筑分布图》

第二节 村庄经济

太行山区山多地少，且农业技术落后，农作物产量较少，故其村民衣食住行简朴，生活清贫。地理环境使其落后于华北平原地带的发展，除浊漳河沿岸的襄垣、武乡、潞城、黎城及长治等地生产比较发达外，其他地区多是地瘠民贫，粮食多依赖附近平原地区接济。①

霞庄位于黎城沉积盆地的北部，平均海拔700米，较平均海拔1000米的太行山区而言，地势相对平缓。四季分明，一般是干冬、春旱、秋涝、夏热，全年降水量分布不均，但其地下水丰富，随处可以打井取水，加之水池的储水能力强，所以即使干旱年间也对生产影响较小。地势与水资源的优势，保证了霞庄农业的发展。在清朝后期，霞庄的耕地拥有量最多，全村达到4500亩以上，但是几户首富就占耕地近2000亩，如王钦家占有耕地700亩，"三角财主"占地500多亩，②大魁、王兆端两户占耕地200多亩。鸦片战争时期，吸毒者增多，村中不少大户因吸食鸦片而破产，南崖垯400多亩土地被卖到只剩30亩。民国时期，村中的地主大户对农民巧取豪夺，使得农民贫富两极分化日趋严重。据统计，当时全村无地或少地的贫苦农民约占总人口的50%，而耕地面积仅

---

① 魏宏运：《二十世纪三四十年代太行山地区社会调查与研究》，北京：人民出版社，2003年，第15页。
② "三角财主"，因居于霞庄圪道街东头的三角地带而得名，主要有王氏十一世的王恩旦、十三世王显、十五世王炳贤。

占 25% 左右。地租每年要缴纳全部收获量的 40% 到 60%，高利贷月利三分，利滚利三年超一倍（俗称驴打滚），不少人家因受高利贷的剥削，负债过重已濒临破产或已破产。[①] 广大贫苦农民特别是佃农，辛苦劳动一年到头却是食不果腹、衣不蔽体。到 1937 年抗战开始，全村耕地仅有 3000 余亩。

霞庄村民注重农业生产，粮食生产在整个农业生产中所占比重最高，占播种面积的 95%，而由于自然环境和土地质量的不同，所以粮食种类也有所差异，种植的作物主要有小麦、玉米、谷子及豆类等。小麦种植比较省工而且不受夏旱影响，保收系数大，因此播种面积不断扩大。玉米多作为商品粮或者饲料来用，谷子主要供人食用和牲畜饲草。豆类分布广，种类多，有牲畜食用的黑豆，人食用的黄豆、绿豆、眉豆等。经济作物主要有胡麻、油菜、蓖麻等。胡麻是上党地区的特产，亦称潞麻，种植普遍，也是产量最高的经济作物。胡麻籽可以榨油来食用，油渣可以做肥料，麻秆是农村夜间点燃照明的主要原料，麻皮纤维主要用来制作绳索、纳鞋底等，也可织麻布，补充丝绸原料等。蓖麻多种植在地头岸边，是一种经济价值很高的工业、药用原料。村北沟谷和蟒山一带，东起白桃脚，西至白岩寺，为灌木和杂草交错丛生地带。村中空地和门前屋后，多种植槐树、榆树等，早年村中和村周树木，高达数丈，一般不砍伐，特别是门前古槐，象征吉祥、延年益寿，此树木质坚硬、价格昂贵，多用来制作家具和大门，村中大门多

---

① 《黎城县霞庄村志》，第 44 页。

为槐木制作而成。槐木辟邪，传说"二鬼把门，过路鬼不敢入宅"。因槐带"鬼"字，房上木料一般不用槐木。村中和村中林带植被较密，古语有云"绿树村周合，斜阳照墟落"。

农业的发展与畜牧业息息相关，在机械工业没有普及到农村时，畜牧业显得极其重要，除了为农业发展提供畜力与肥料之外，还是一项可观的经济收入。在蟒山南坡，西至白岩寺，东至白桃脚的山上，约有2000多亩牧场面积，芨芨草、黄蒿、马兰花、芦草等草类茂密地生长着。大量的牧草为牲畜提供了足够草料，抗日战争爆发之前，霞庄共有牲畜2400多头，包括2000多头羊、40多头牛、200多头驴骡马等。据统计，一般牲畜日产肥量为牛4斤、驴骡马各3斤，猪、羊的产肥量较小，各0.5斤，但猪、羊的肥效大，这就为农业的发展提供了保障。不仅如此，牛还承担着耕地的任务，驴骡马则主要负责运输驮物，如送土、倒肥、外出贸易等。

在中国的传统社会中，男耕女织一直被尊崇着。自然经济和简单商品经济相结合的"耕织"家庭经济，一直是最具中国特色的经济模式。如果说农业是农村经济的核心，那么家庭手工业则是仅次于农业的重要组成部分。[①]从清朝后期至民国初年，霞庄的粮食加工业发展迅速，已具有一定的规模。粮食经过精加工，转化为成品销售，不仅提高了产值和经济效益，而且繁荣了农村经济。千里莺啼绿映红，街巷飘香酒旗风。从明清开始，村中酿酒者有很多，卖酒的店铺也不少。由于水质好，酒色清纯，味道浓郁，

---

① 李金铮：《毁灭与重生的纠结：20世纪三四十年代中国农村手工业前途之争》，《江海学刊》，2015年第1期。

酿酒作坊日益兴隆,霞庄的酒享誉晋东地区,吸引了不少客商前来买酒。

据不完全统计,清朝后期,村中有酿酒作坊十余家(见表1.1)。有粉坊三家(见表1.2),将玉菱、绿豆、高粱等成品粮加工成粉面,再由粉面加工成粉条、粉皮,调配适量的佐料,可制作成多种美味佳肴,是村民改善生活的主要副食品。有油坊两家(见表1.3),以胡麻、菜籽、核桃、花生等为原料,精加工后进行压榨,挤出液体油。压榨后的油饼可喂牲口或作肥料,食油则是人们生活必不可少的食品。此外,酒糟、粉渣也是良好的牲畜饲料,促进养畜业发展,大量牲畜又带来了肥料,使土地肥力增强,农作物增产。如此,形成多业发展的良性循环局面。

表1.1　霞庄酿酒作坊名录

字　号	项　目	经营者	作坊地址
东义兴	酒　坊	王联登	今王开明院
西义兴	酒　坊	王联弟	今王书文院
玉　恒	酒　坊	王　荣	今王善智后院
益受堂	酒　坊	李建勋	今王宽德院
铭新堂	酒　坊	王秉德	今王庚奇院
	酒　坊	王　锐	酒坊院
恒　兴	酒　坊	王木昌	王晚陵北房

续表

字　号	项　目	经营者	作坊地址
东兴涌	酒　坊	王起平	
	酒　坊	王秋馥	王计德上院
益生永	酒　坊	王木玉	
大　魁	酒　坊	李福谦	东阳关
	酒　坊	王兆端	黎城县城内
玉泉永	酒　坊	李建勋	源　泉

表1.2　霞庄粉坊名录

字　号	项　目	经营者	粉坊地址
东兴涌	粉　坊	王起平	王江河后院
中和魁	粉　坊	王喜群	王忠庭院
	粉　坊	李福德父	二门口外西南，因时间长，而易为粉坊圪廊

表1.3　霞庄油坊名录

字　号	项　目	经营者	油坊地址
	油　坊	王树藩	王广金西院
	油　坊	范丙银	王宇壁院

随着加工业的发展，村中商业也逐渐兴起，有药房、当铺、饭店等。

表1.4 京广、日用杂货

字号	经营项目	经营者	店铺地址
福兴龙	日用杂货	王东汇	王景福院，在西井镇也设店
天顺成	京货	王福虎	真武庙南院西房
协和玉	广京杂货	王崇堂等三人合资	王虎平院内南房
藉裕兴	日用杂货	李金泰	李占奇院内西房

表1.5 医药

字号	经营项目	经营者	经营地址
福顺兴	中草药	王丕承	王正方院内北房
协和玉	中草药	王崇堂	王中忠院内
	中草药	王建功	王红霞院内
	中草药	王树藩	王光金院内

表1.6 金银首饰加工

字号	经营项目	经营者	经营地址
	各类首饰加工销售及带料加工	王崇文	王利方院内
	各类首饰加工销售及带料加工	王利生兄弟三人合营	王显旗院内

表1.7 鞭炮烟花

字号	经营项目	经营者	经营地址
三合义	生产各类鞭炮烟花	王寅生等三人合营	王三民、王庆云院内
三合成	生产各类鞭炮烟花	郑丙玉、王周卿、王明卿三人合资	王贵臣、王有臣院内
	生产各类鞭炮烟花	王秦卿	王丙臣院内
	生产各类鞭炮烟花	王宋卿	王三民院内，后迁到东黄须生产
发兴成	生产各类鞭炮烟花	王楚卿	王氏祠堂西边院

表1.8 当铺

字号	经营项目	经营者	经营地址
	小型当铺	王魁元	王兆成下院
	大型当铺，含金银首饰	王钦家	五道街、王密院内

资料来源 表1.1、1.2、1.3、1.4、1.5、1.6、1.7、1.8数据均来源于《黎城县霞庄村志》。

注：表1.1、1.2、1.3、1.4、1.5、1.6、1.7、1.8中的作坊是清光绪年间至1937年间的，在外乡开设的未计入。

第三节 村庄文化

相传在1500年前，霞庄便有人定居，因在上庄村的下方而曰下庄，嘉靖年间，改为霞庄。明清时期，村庄格局已经形成，村中观音庙，蓄水大池已形成。清顺治十七年（1660年）《重修观音堂碑记》中记载："我下庄村南有观音堂一座，其来旧矣。历年久远……又记庙北有池，古名曰大池，藏风聚气，牛羊群饮。池左有桥，作息途径，来往通衢。"[①]清康熙《黎城县志》有记："国朝亦因为黎城县，康熙五年（1666年），编审并为一十五里……东曰平贤乡……共三十一村……上庄、下庄……"[②]悠久的历史为村庄多元文化的发展提供了基础。

太行山地区的农村，各乡村均有庙刹，各户皆有神龛。霞庄也不例外，村北有关帝庙和春秋阁，镇守着整座村庄；村南有观音堂庙，供奉观世音菩萨，保佑村民；村西有西阁，里面塑有痘公、子孙奶奶等神像，小孩种痘、出麻疹、祈要子孙时，妇女都会带供品前去上供；村东南有五龙大庙，五间大殿各塑蟠龙一条，气势磅礴令人悚然；村南偏东有文昌阁和魁星楼，村外偏南处有石笔，希望村中文风盛行。从祈要子孙到小孩治病祈福，长大读书高中……这些都是村民对美好生活的向往，他们给自己找到一个心灵寄托，希望一生都能如愿。

---

① 碑刻现存于霞庄村观音堂内，碑文完整版见附录。
② 刘书友：《黎城旧志五种》，北京：北京图书馆出版社，1996年，第87页。

霞庄关帝庙

霞庄春秋阁全景

霞庄阁创建春秋阁碑记

霞庄观音堂

霞庄观音堂遗址重修观音堂碑记

霞庄桥

霞庄桥修建碑记

霞庄文昌阁

霞庄文昌阁后墙壁画

霞庄李氏宗祠

霞庄李氏宗祠

霞庄李氏祠堂创建李氏祠堂碑记

　　村中有王、李两大宗族，两大姓氏的人口占到全村90%。咸丰八年（1858年）重修的王氏宗祠位于村中，祠堂内挂有王氏族谱，王氏祖先自洪武三年（1370年）从洪洞迁来，至今已有600多年。1912年创建的李氏宗祠位于村北，李氏于北宋乾德年间（963年）搬迁而来，距今已有1000多年。每逢春节时期，两姓小辈们便会开祠堂上香叩拜祖先。元宵节时，除上香祭礼之外，还会在祠堂墙上悬挂纱灯或纸糊的彩灯，村内宗族氛围浓厚。

霞庄王氏祠堂全景

　　此外，霞庄文风盛行，远近闻名。王姓始祖王应选，对兴办教育和培育后代特别重视。明清时期村中学者，私人办书院（私塾）和经馆者有数家，师导之严，名扬乡里，既是经师，又为人师，教育有方，高徒辈出。除本村和邻村学生之外，外乡、外县前来寄宿求学者亦为数不少。到清朝后期，在村中读书考取庠生以上的占全村人口的 12% 以上，比例之高，享誉县内外，经统计共诞生了 1 名解元、4 名举人、8 名学士、5 名处士、6 名太学士、30 名贡生、10 名廪生、8 名增生及多名秀才等。外乡求学者，如道光年间道台南委泉王发越，就是在霞庄王景方处求学的。清光绪年间，王东阳辞去朔平府训导，返乡办"经馆"，在县内产生很大影响，不仅有黎城县内的学生，潞城县来求学的也有十多人。他的学生，考取庠生、贡生以上的，多达 10 人。

霞庄王氏祠堂创建碑　　　　霞庄王氏祠堂远祖介绍碑记

约在明熹宗天启年间（1624 年左右），霞庄除办书院、经馆外，又建起武馆，"健身习武""护庄防盗匪劫忧""科考应召戍边"，

夏秋以自练为主，冬春在馆内由师长集中训练。有很多人都是昼读《四书五经》，夜进馆"健身习武"，当时除在馆内置有各种兵器、弓箭外，街巷内皆有标注不同重量的举石，使得大家能够随时锻炼。每年冬季，除在馆内教习基本功法外，还在演武场对战，射靶演练。一直到抗日战争爆发前，村内仍保存着各种弓箭和大刀。那时，霞庄习武风气较盛，真正做到了德智体美劳全面发展。村中流传着这样一首诗：

文明源于知识

山不在高，有仙则名；水不在深，有龙则灵。玉则为物，琢以为器；学问藏身，身则有余。目濡耳染，日久积多；经师易求，人师难得。远而有光者，饰也！近而逾明者，学也！

据不完全统计，明清两代具有庠生以上学历者近 300 人，足可说明霞庄历史上文人之多。村内还有很多关于文化教育的传闻与典故，如"狗看告示""牧羊人授课"①

清朝后期，村中考取功名者增多，尤其是王姓氏族的文人。清乾隆十六年（1751 年）《圣旨碑》记载：

奉天承运，皇帝制曰：任使需才称职，志在官之美，驰驱奏效，报功膺锡，类之仁尔。廪生王思智乃山西太原府太谷县训导王惟崧之父，雅尚素风，长迎善气，弓治克勤于庭训，箕裘丕裕夫家声，

---

① 详见附录。

兹以覃恩□赠尔为修职左郎，山西太原府太谷县训导，锡之敕命。①

王思智为霞庄村王氏家族第十一世，考取贡生。其子王惟崧为太原府太谷县训导，其父王业为庠生。②此外，还有处士王极（字克建）③、庠生王思旦④，其长子王惟正考取庠生⑤、次子王惟祥为清代侍郎⑥……王氏家族家风严谨，一家几代考取功名极其普遍。

科举制度废除后，1903年，王东曦创办公立初级小学堂。1913年农历二月，政府在霞庄村龙王庙设立了霞庄村初级小学。⑦自兴办学堂后，霞庄的私塾仍有数家（如王岐、王秉德、王双堂等）。后私塾停办，集中办公立学校，并且男女开始分校，女校在村中五龙庙，男校在圪道街。为及时解决办学中出现的问题，设置学董管理相关事宜。学董先后是王东曦、李建勋、王木昌、王崇文等人。校内设备齐全，教员也都是全县最优秀的老师。适龄儿童的入学率在95%以上，即便家境困难，劳力缺少的家庭，也要夏耕冬读，村中男性无读过书者很少。为振兴教育，扩大升学面，于1930年开始，由王承等一些热心公益教育事业的人士，积极倡导创办高级小学。为筹集资金，成立五元银洋"会两道"，

---

① 原碑刻现存于霞庄村王家祠堂内。
② 霞庄村西王氏墓地，清乾隆二十年墓碑"公讳业字绳武邑庠生，子三人思睿、增生思智、廪生思聪"。
③ 霞庄村西王氏墓地，清乾隆二十五年墓碑"清故显祖考处士克建王公暨原配何氏继配乔氏合葬"。
④ 霞庄村西王氏墓地，道光四年墓碑"曾祖考讳思旦字梦周，行二子长惟正次惟祥"，根据霞庄村王氏家谱，王思旦与王思智为堂兄弟。
⑤ 霞庄村西王氏墓地，嘉庆二十三年墓碑"公讳惟正字形瑞……清例赠修职"。
⑥ 霞庄村西王氏墓地，嘉庆十九年墓碑"公讳惟祥……行二子，锡处士显从九品，清待赠登仕郎……"。
⑦ 刘书友：《黎城旧志五种》（黎城简志），北京：北京图书馆出版社，1996年，第489页。

会头是李建勋、王兆瑞、王起平等人。到 1936 年，已筹集到资金一千多元（银洋），经王承推荐确定聘请教员张行夫、张岷山、李树人等，但因全面抗日战争的爆发，使得办学计划夭折。据不完全统计，民国时期霞庄具有高等小学以上学历者，有 60 人之多，占当时全村总人口 7%。其中大专学历 10 人、中学学历 27 人、高小学历 23 人。

总的来说，全面抗战爆发前的霞庄村，"是一个较富裕的村庄，村中知识分子和商人多，很有头脑"[①]。抗日战争之前，虽然不像桃花源中不知魏晋与世隔绝，但村民也是过着"晨兴理荒秽，带月荷锄归"的生活，虽贫苦，但也可以生存，整体上是宁静安乐的。然而这一切很快化为乌有，七七事变的枪响打破了这片宁静，古老的霞庄村被卷入了这场长达八年的战争中……

---

① 黎城县档案馆馆藏资料：《黎城联合办公室关于东关、下庄、西仵土改、整党工作总结表报（霞庄村翻身运动）》，档案号 54—96。

第二章

霞庄的党组织建设

第二章　霞庄的党组织建设

1937 年 7 月 7 日，全民族抗日战争开始。1937 年 11 月 8 日，日军占领太原，国民党军队大部撤退，标志着在华北以国民党为主体的正规战争结束，以共产党为主体的游击战争居于主要地位。八路军总部根据中共中央、中央军委和毛泽东主席的指示，命令129 师深入太行区，开辟以太行山为依托的晋冀豫根据地。[①]自此，大批军队开始进驻太行山区。面对日军的疯狂"扫荡"和"围剿"，我军有限的人力资源面临枯竭，中国共产党肩负着动员和组织广大群众取得战争胜利的伟大重任。毛泽东指出："革命战争是群众的战争，只有动员群众才能进行战争，只有依靠群众才能进行战争。"[②]于是，太行山区开始了广泛的群众动员。

毛泽东曾说："统一战线、武装斗争、党的建设，是中国共产党在中国革命中战胜敌人的三个法宝，三个主要的法宝。"[③]在这三者中，党的建设又是最主要的法宝，不管在抗战时期还是和

---

① 太行革命根据地史总编委会：《太行革命根据地史稿》，太原：山西人民出版社，1987 年，第 9 页。
② 杨瑞森、苗长发主编：《新版〈毛泽东选集〉导读》，北京：中国人事出版社，1991 年，第 126 页。
③ 杨瑞森、苗长发主编：《新版〈毛泽东选集〉导读》，北京：中国人事出版社，1991 年，第 121 页。

平建设时期，党组织都是有力的领导者。

129师进驻太行山区不久，他们便采取分兵发动群众的办法，派出许多精干的部队，在太行山各地区，一边开展游击战争，一边进行创建根据地的工作。八路军采取这种化整为零的战略，为各地的建党工作提供了有利条件。分散到各地的八路军或以八路军工作团的名义，或以支队、大队等的名义，同各地的党组织进行建党建政、组织游击队的工作。但是太行区党组织的发展是复杂的，这是因为相比于其他根据地，太行区有着自身的独特性：第一，不同于广东、湖南等革命中心，那里的群众较早地接受到马克思主义思想的洗礼，太行区的群众由于位置闭塞其思想也相对落后，抗战爆发前90%以上的人识字不多或不识字，加大了发展的难度；[①]第二，晋东南地区的牺盟会拥有一定数量的党员，八路军、牺盟会、地下党等多种组织力量造成建党主体不一致，内部交杂错综，给党的组织调整、聚合带来一定程度的障碍；[②]第三，八路军总部、中共中央北方局、129师师部长期驻在太行区，他们的直接领导与帮助，对太行根据地党的建设起了重大作用。[③]

---

① 李秉奎编：《太行抗日根据地中共农村党组织研究》，北京：中共党史出版社，2011年，第39—40页。
② 赵诺：《抗战初中共党组织在太行山区的"战略展开"》，《中共党史研究》，2016年第9期。
③ 太行革命根据地史总编委会：《太行革命根据地史料丛书之二——党的建设》，太原：山西人民出版社，1989年，第1页。

第一节　党员的初步发展

1936 年，山西牺牲救国同盟会成立，薄一波同志在中共中央北方局的领导下，主持牺盟会的工作，意味着牺盟会这个以抗日救亡为宗旨的群众性官办组织转化为共产党领导下的特殊形式的统战组织。[①] 随后，牺盟会陆续派出特派员前往晋东南地区成立分会，黎城县第一高等小学教师张步英带领 10 多名学生加入牺盟会。1937 年 6 月 20 日前后，牺盟会特派员来到黎城，正式成立牺盟会黎城分会，开始宣传抗日救亡的活动。与此同时，在北平、太原、潞城等地求学的青年学生逐渐归来，将学生联合会改名留平（北京）、留并（太原）、留潞（长治）学生抗日救国会。1937 年 11 月上旬，八路军 115 师地方工作团 10 余人，由王凤鸣带领，来到黎城。中旬，129 师地方工作团 8 人，由王谦、李大清带领也来到黎城。[②] 他们通过牺盟会与救国会，开展抗日根据地的各项工作。首先，吸纳少数进步分子入党；接着，建立了中共黎城县第一个党支部，开始对黎城的县政权进行改造；随后，有计划地在农村发展党员和建立党组织。下旬，农村最早的党支部北社党支部成立。不久，乔家庄、平头、西井、南陌、霞庄等村也相继发展了党员，成立了党支部。至此黎城人民的革命斗争进入到由共产党直接领

---

① 王生甫，任惠媛著：《牺盟会史》，太原：山西人民出版社，1987 年，第 77 页。
② 中共黎城县委党史研究室：《中国共产党黎城县简史》，北京：新华出版社，1991 年，第 35 页。

导的新时期，农民和知识分子也成为黎城党员的两大组成力量。

霞庄在黎城说来是一个较富裕的村子，"主要的特点是知识分子及城市商人多，因此脑子很滑头，在政治上占统治地位，发展党员的过程是比较难的"①。1937 年，八路军 115 师工作团由王凤鸣率领来到霞庄，住在五道口王善文家后院 10 多天。王凤鸣在庙街召开大会，向群众宣讲中共中央《抗日救国十大纲领》，使各阶层人民认识了共产党和八路军坚持抗战的主张，消除了亡国悲观的恐惧心理。之后，工作团便找人谈话，秘密发展共产党员。1937 年 11 月，时任北坊编村村长的王迎禄加入共产党，成为霞庄村最早的共产党员之一。12 月末，由 129 师工作团李大清介绍，王宽兴在县牺盟游击队加入共产党。

1938 年正月十七日，日军逼近东阳关，国民党第 47 军 178 师据险阻击，日军伤亡惨重。在汉奸的带领下，绕路老河口、秋树垣、高石河，侵占三皇脑、闫望壁，正月十八晚东阳关和黎城县城沦陷。在八路军英勇打击下，4 月 25 日，日军败退，黎城光复。

1938 年农历五月初，八路军 129 师师部在师长刘伯承、政委邓小平的率领下，进驻霞庄。师长刘伯承、政委邓小平住在王嵘院内（今电磨坊东基地）。由于有头一年冬天工作团宣传教育的基础，加之受日军占领黎城期间烧杀抢掠的野蛮行为和八路军粉碎敌人进攻胜利消息的影响，尤其是八路军在神头岭和响堂铺两次伏击战，全歼敌军的声威，以及村自卫队配合县游击队开展游

---

① 黎城县档案馆馆藏资料：《黎城联合办公室关于东关、下庄、西仵土改、整党工作总结表报（霞庄支部调查材料）》，档案号 54-96。

击战的事情，深刻地教育了群众，不抗日就活不成，只有中国共产党、八路军才是抗日的中流砥柱。由于 129 师中的一些干部经常在村里与群众接触，了解民情，所以党员发展很快。经民运部考察介绍，1938 年 6 月王齐卿、王福全、王爱香（女）、王支德、王中南、王晚成等人加入共产党，并建立霞庄党支部，由王齐卿担任支书。随之相继建立了农救会、青救会、妇救会、儿童团等群众性组织。

成立初期，支部注意观察群众的生活并倾听群众的意见，广泛地宣传党的路线、方针、政策，积极培养党的后备力量，让一些贫苦家庭的人也可以通过自身努力入党，成为一名光荣的中国共产党党员。出身于贫苦家庭的王海龙便是这样的一员，关于他的入党历程，我们可以从下面这段访谈中简单了解。

问："王海龙老先生是村里的老党员了，关于他入党的一些事情，您能具体讲述一下吗？"[1]

答："我岳父其实是老党员了。他也是霞庄人，1921 年出生，家里很是贫穷，加之父亲早逝，迫于生计，他 8 岁就去富户家当长工，放羊送饭。当时的他年幼体弱，由于道路崎岖、地势不平，送饭时经常将饭撒落，这时便会招来地主的毒打。这样的日子一直熬到 16 岁。1937 年，八路军工作团到霞庄宣传抗日，饱受旧社会辛苦的他在王宽兴的带领下毅然逃出了富户家庭，1937 年 9 月 10 日，参加了黎城县牺盟游击队，从此走上了抗日救国的革命之路。

---

[1] 访谈对象：王宽民，60 岁，霞庄村民，为王海龙女婿。访谈时间：2019 年 5 月 13 日。访谈地点：村中。

参加游击队后，他被编为黎城县牺盟会游击队第一大队第三排第八班战士，12 月，跟随牺盟会游击队到鹿头村剿匪。1938 年，他还参加了神头岭伏击战与响堂铺伏击战，因作战英勇，受到表扬。1939 年 4 月，王海龙光荣地加入了中国共产党。"

动员入党进行得如火如荼，到 1939 年底，霞庄党员已有 20 余人。为了丰富群众的生活，秋前在跑马地（明清时期的演武场），129 师等组织规模宏大的各种军事比武大会，还有骑兵参加表演（当时的骑兵在元村驻扎）。刘伯承师长和邓小平政委也会亲临现场，有时晚上，还会有"火星剧社"演出话剧等节目。

第二节　党组织的整顿

广泛的接收人员使党员成分复杂，有像王海龙、王宽兴这样热衷革命，积极向上的贫农，也有王海林、王晚成这样的封建富农。1939 年实行合理负担时，王海林、王晚成二人觉得自己没有得到好处，随后他们就对党产生了不满，工作消沉，对实施的措施持反对态度。当时领导看到这点后，就有意识地将王海林、王晚成等五人开除出党。[①] 这次的举措给了其他党员一定的教育，不仅霞庄如此，整个黎城县的党组织也出现了一些问题。

黎城的党组织从建立起就在不断地发展壮大。如表 2.1 所示，党员数量从 1937 年的 32 人猛增到 1939 年的 2000 多人，过多地

---

① 黎城县档案馆馆藏资料：《黎城联合办公室关于东关、下庄、西仵土改、整党工作总结表报（霞庄支部调查材料）》，档案号：54-96。

追求党员数量，吸收了很多不符合标准的人，甚至一些投机分子、地主和富农也混入党内，造成了基层党组织的严重不纯。黎城县委认识到这一点后，在晋冀豫省委彭涛的指示下于 1940 年春开展了整顿党组织的工作。[①]

表2.1　抗战期间黎城县历年党员数量统计

年　份	党员总数	党支部数量
1937	32	
1938	1775	108
1939	2206	141
1940	802	
1941	1764	115
1942	2199	147
1943		
1944		
1945	3270	167

资料来源　黎城县志编纂委员会：《黎城县志》，北京：中华书局，1994 年，第 338 页。

[①] 中共黎城县委党史研究室：《中国共产党黎城县简史（1937-1949）》，北京：新华出版社，1991 年，第 79 页。

这次整党的重点，是对农村基层党组织进行整顿，目的是纯洁党的组织，提高党的战斗力，使党真正成为领导群众进行革命斗争的核心。此次整党分为四步：第一步是向党员交代清楚党的政策，提高党员对整党的认识；第二步是弄清楚党支部的组织情况，包括党员的成分、入党时间等；第三步是考察各个党员在战争中和反顽斗争中的表现；第四步是按照不同的人和不同的情况对党员实施不同的处理办法。①

整顿的成效显著。黎城党员由2206人减少到802人（见表2.1），一部分地主、富农以及一些不起作用的党员都被清退出党。此后，大力发展工人、农民入党。这样一来根据地的领导机关掌握在可靠的党员干部手中。从1943年黎城县的入党申请书中（见表2.2）可以看出，相比于之前的盲目追求数量，整顿之后的党员吸收，除了以农民为主要人员，更注重他们的实际行动与思想。在这些人中，90%的人是思想向上的，他们的入党动机或是为了革命或是为了以后的生活。总之入党是因为能看到共产党的强大力量，从而解放更多的劳苦大众，而且他们参加过大大小小的斗争，是有一定的经验。

① 中共黎城县委党史研究室：《中国共产党黎城县简史》，北京：新华出版社，1991年，第84页。

表2.2 1943年黎城县部分入党申请书

姓名	性别	年龄	籍贯	成分	曾参加的团体或战争	为何入党
李仁保	男	43	石壁	贫农		为了无产阶级解放而斗争，为了共产主义社会而奋斗
李长顺	男	37	正川	贫农	参加过群众斗争	过去我在农村没地位，现在也能说了，为了穷人的地位
马江庆	男	26	正川	贫农	参加过农会和民兵	在过去没有地位，为了求解放，为了革命
赵小马	男	24	正川	贫农	参加过群众运动斗争	为了寻求地位
郭乃贤	男	20	元庄	中农	参加过斗争二流子	看见现在社会好，不想受过去的苦
崔春枝	女	28	赵店	贫农	参加过本村群众斗争	看着共产党力量大能做主
杨贵堂	女	29	赵店		参加过本村群众斗争	感到社会好，以前社会不好
赵春堂	男	19	上庄	上中农		为了革命
张老虎	男	38	西仵	中农	清算旧账，反特务斗争	自抗战以来生活得到改善，能说上话
张金堂	男	20	西骆驼	贫农	参加过民兵，去年担任民兵小队长	为着不受资产阶级压迫，因为过去自己是佃户，土地被外人拿走

资料来源 黎城县档案馆馆藏资料：《入党志愿书 1943 年》，档案号：54-17。

这次的整顿也使霞庄的党支部进一步纯洁。王善文、王维祯等都是 1938 年入党的，但因家庭成分偏高，被劝退党；王贵堂是个特务，当即开除出党；王屿私卖公粮给自己买地，将其农会会长职务撤销。[①]异己分子、特务汉奸被清除出党。经过这次考验，村内加强了各个同志的思想教育，使群众对党有了较好的认识，组织从此扩大与巩固起来。1942年，霞庄发展了王书文、王长南、李有存等5人，主要成分为中农与贫农；1943年发展了王树德、王长房、王木桂等9人，中农与工人占到77%（见表2.3）；1944年发展了王增珍、王文生、宇海中，3人皆为中农；1945年是王逢其、李秀莲等。从1942年起每年村内的党员都在增多，支部不断扩大，党员同志分散到各个组织部门去担任各种职务，在战争中起到了至关重要的作用。

表2.3　霞庄支部党员发展统计表

年份	成分				总计
	中农	贫农	工人	商人	
1942	3人	2人			5人
1943	6人		1人	2人	9人

资料来源　黎城县档案馆馆藏资料：《中共黎城县委关于各系统党员干部增减变化情况统计表》，档案号：54-16。

[①] 黎城县档案馆馆藏资料：《黎城联合办公室关于东关、下庄、西仵土改、整党工作总结表报（霞庄支部调查材料）》，档案号：54-96。

表2.4　霞庄村党支部发展变化调查统计表

姓名	年龄	入党时间	性别	文化程度	成分	出身	党内职务	党外职务	备注	处分
王木珍	42	1943	男	文盲	新中	务农			1945年调走	
王增珍	28	1944	男	粗通	新中	务农		现任农户主席		
王文生	40	1944	男	文盲	新中	务农		现任民兵政指		
宇海中	22	1944	男	文盲	新中	务农				
王逢其	32	1945	男	文盲	新中	务农	支书	现任政治主任	劳动英雄	
李秀莲	33	1945	女	文盲	新中	务农		现任参议员	纺织英雄	
王天文	37	1946	男	粗通	新中	务农		现任村副		
王思堂	29	1946	男	粗通	□富	务农		现任武装主任		
王东生	29	1946	男	粗通	新中	务农		现任公安员		
申洋芹	51	1938	男	文盲	新中	务农			1939年开除党	
王春德	26	1938	男	粗通	新中	务农		1943年民□政指	1943年病故	
王树长	42	1940	男	普通	贫农	商		现任村长局长		撤职村长
王齐卿	52	1940	男	普通	新中	务农	支书	1943年任政治主任		
王福全	60	1940	男	粗通	新中	务农		1942年村长	1943年病故	

续表

姓名	年龄	入党时间	性别	文化程度	成分	出身	党内职务	党外职务	备注	处分
王屿	39	1940	男	粗通	□中	商	宣传	1946 年村长		撤职农会
王贵堂	28	1940	男	普通	□富	学			1943 年开除	
王振西	31	1940	男	粗通	□封农	务农			1941 年投井自杀	
王宽□	25	1937	男	普通	新中	务农	支书	1945 年任政指	在外参加组织	批评
王海林	52	1938	男	粗通	富农	务农			1938 年开除出党	
王晚成	54	1938	男	粗通	经营地主	务农			1939 年开除出党	
李兰□	28	1938	男	粗通	富裕中农	务农				
王中南	28	1938	男	粗通	富裕中农	商			1939 年开除党	
王支德	35	1938	男	文盲	新中	务农			1939 年开除党	
王□芹	30	1938	男	粗通	富裕中农	务农				
申恩堂	39	1938	男	粗通	贫农	务农				
王文堂	44	1942	男	普通	□中	务农	组织	1943 年村长		
王书文	40	1942	男	粗通	新中	务农		现任村长		
王长南	28	1942	男	粗通	□中	务农		1944 年村副	1946 年调走	

姓名	年龄	入党时间	性别	文化程度	成分	出身	党内职务	党外职务	备注	处分
王福□	40	1942	男	文盲	□中	务农		现任公安主任		
李有存	46	1942	男	粗通	新中	商		1943年公安员	在外参加	
王树德	25	1943	男	普通	□富	学		1943年任村长	1945年调走	
王长房	35	1943	男	文盲	新中	务农		现任工教主席		

注：由霞庄村李建华所收藏太行文书资料整理而成。

1947年7月，中共中央召开的土地会议上，决定要结合在各地深入开展平分土地的运动进行民主整党。1947年9月，中共中央晋冀鲁豫中央局召开了冶陶会议，传达了中共中央的要求并决定在全区范围内进行这一工作。

这次的整党，主要是通过认真学习，提高认识，在此要求基础上，进行三查（查阶级、查立场、查工作）和三整（整顿思想、整顿组织、整顿作风）；经过认真的批评和自我批评，检查土地改革的深度、群众是否发动起来，以及运动进展不够快的原因。在新的基础上，满足农民对土地的要求。"三查三整提高了广大干部的政治思想觉悟、鼓舞了根据地内广大农民参军参战支前的热情"，为全国的解放打下了组织基础和思想基础。

霞庄村在此次整党工作中取得了良好的成果，不仅结束了土改，而且群众情绪稳定，尤其是在1949年区里召开党员干部大会，有59人参加，还学习了相关政策方针。霞庄村的民主整党是在2月15日进行的，工作组首先召开支委会与人代会，根据村中实际情况研究如何贯彻实施党的方针；接着召开会议，明确了土改的目的与重要性，肯定在党的领导下土改的成绩，对错斗中的一些人进行更正，如王丕承等，并将以前的两户地主现在划为富农一户和中农一户。这些做法安定了人心，取得了广大群众的拥护。再一点就是对支部党员进行检查，霞庄村为二类村庄，以前，支部党群关系不够密切，甚至有少数党员思想蜕化，支部内部存在斗争性，群众不积极。经调查发现，现存党员中，有8人担心外调而离开妻女，有7人觉得党解决不了实际问题，有13人思想不纯贪污公款，有4人作风不好，等等，这些都需要迫切去解决。

对于以上存在的现象，工作组进行了民主整顿，要求党员认真负责，明确相关政策及事情的真实情况，还要明确认识到支部的不纯，肯定支部党员大部分是好的。用党的标准来衡量党员，确实是存在错误的，甚至有个别很严重的，就要立即整顿。正确掌握政策导向，克服整党中的左右倾向，开展教育与自我批评相结合，统一提高党性觉悟，及时纠正忽视思想斗争而以教育为主代替斗争，并将党支部的主要问题与每一个党员的主要问题区别开来，追根溯源，问题才能得以解决。

第三节　党员的带头作用

霞庄的党员在 1944 年已经有 30 多名，数量上不断增加，而且党员在全村起到了榜样的带头作用。1944 年霞庄村进入了大生产运动的高峰期，在这次运动中，王逢奇与李秀莲两位党员紧密团结群众、依靠群众，充分发挥党员的带头作用。

王逢奇，家境贫穷，十五六岁时就开始当长工，抗战开始后，便在自己家务农。虽然贫穷，但他思想好，而且特别能吃苦。当时政府号召村民开始互助组织发展生产，但群众认为这只是上级的号召，还有的人认为这是"共产的开头"，便开始马马虎虎地对待。[1] 王逢奇认为互助组很好，下定决心将自己的互助组搞好。春耕后他与王富奎一起盖了新房子，还将王松德的 20 亩被冲塌的滩地修整好。王逢奇在互助组内担任组长，每天起早贪黑非常热心。秋收后，政府号召种"一六九"小麦，他首先响应，自己担了 100 斤土麦到东黄须换"一六九"麦种，为大家服务。他这种吃苦耐劳又热心努力的精神让大家都赞成并成了全村的模范。王逢奇带领的小组组员更是信心大增，完成了耕二余一的计划。冬天闲暇时，他又开始搞副业，在村内开了一间粉坊，整个冬天的积肥解决了 180 亩地的肥，除去人力畜力还赚了 3000 元。1945 年春政府推广棉花种植，王逢奇即到集上买了一部分棉花籽，动员大家来种。

---

[1] 黎城县档案馆馆藏资料：《黎城县政府关于霞庄、子镇、长垣等农业工作情况调查（霞庄村的四年农业简略）》，档案号：55-117。

因为山西的妇女向来就不会纺织，更没有种过棉花，所以群众对种棉花的信心是没有的。王逢奇便想尽一切办法劝大家来种棉花，群众不好意思拒绝便种了四分、五分地来应付一下，结果到秋天每亩收了30斤不带籽的净棉，一斤棉可顶一斗米，一亩棉顶七石谷。[①] 这些成绩极大地激发了村民的信心。1944、1945、1946年三年王逢奇都被选为大生产中的劳动英雄并到县里开群英大会，作为代表受到了首长的亲切招待。这使他备受鼓舞，回村后便琢磨怎样更好地为大家服务，为大家着想，不负"劳动英雄"这个称号。

另一名起骨干作用的是李秀莲，作为村中李有存的童养媳，自幼便受尽了生活的苦难。大生产运动开始后，纺织业蓬勃发展。霞庄领导在党的"丰衣足食"口号下发动村里妇女开展纺织，但在民校宣布后并没有人来学，支部的同志看到李秀莲在十二月天还没有穿棉衣，便派同志和她谈，有意识地教育她，让她作为代表深入群众组织纺织。当时生活困难，而且大部分人觉得纺花织布是南方人做的事，我们山西人根本就不会。这时，李秀莲在党的教育下就下定决心自己学会。随后她亲自组织了王喜珍、王纪环、王香兰、王春苗等成为一组到合作社领棉花开始纺织，每日除做完自己的事，还要耐心教别人纺织，不到年余她全组的人都会织会纺。她拿上自己纺织的棉线，叫大家看赚了多少洋，还给大家讲明好处。在这种有利的影响下，她又亲自动手发动、组织妇女到合作社领棉花，纺每斤花可赚小米12两，这样不仅扩大了纺织，

---

① 黎城县档案馆馆藏资料：《黎城县政府关于霞庄、子镇、长垣等农业工作情况调查（霞庄村的四年农业简略）》，档案号：55-117。

还度过了灾荒。在这基础上她又通过自己的努力和合作社的帮助，做出各种纺织工具，进一步地促进妇女开展纺织工作。当时李秀莲担任纺织分队一班的老师，她耐心地教育大家，出了问题马上解决，培养了三个班的纺织能手。1944年秋天，全村选她为纺织英雄到县里开群英大会，并获得布机一架。回村后，全村妇女都说人家能当英雄会织会纺，咱们也一起努力好好干。李秀莲的所作所为打破了山西人不会纺织的"坏思想"，成为生产致富的带头人。之后她又组织三个分队，每日积极耐心教育大家要起模范作用，改进技术，影响范围包括全村乃至全县。

王逢奇与李秀莲带领全村发展农业，他们不怕困难、艰苦奋斗，在困境中迎难而上，发挥了党员良好的示范作用，成为全村的楷模。

霞庄群众由于长时期受封建礼教和正统思想影响较深，因此党支部的建立和工作开展并非易事。虽然高利贷和高租额的剥削，已使不少人家沦为贫农或濒临破产，但1938年的"减租减息"和1939年的"物价回赎"指示，由于支部力量薄弱，广大群众尚未觉醒，因此并未很好地开展起来。霞庄党支部在宣传群众、组织群众、不断提高群众阶级觉悟、形成农民绝对优势、削弱封建剥削、团结抗日力量、巩固农村统一战线上的任务更加艰巨，但他们在上级党组织的正确领导下，根据政策、结合实际，为调动各种积极因素而不懈斗争和努力工作，最终克服种种困难，在后来的各项工作中均取得显著成绩。

第三章

群众参军作战

第三章　群众参军作战

抗日战争期间，与日军和国民党的正规军相比较，中共的军队在规模和装备上远远落后。为了有效地抵御敌人，中共开始大力发展地方武装，广泛开展游击战争。在太行区轰轰烈烈的武装组织背景下，黎城县以自卫队、民兵等为主的群众参战拉开了帷幕。

第一节　黎城县地方武装概况

黎城的地方武装其实在 1937 年已经开始涌现。1937 年冬，山西牺牲救国同盟会黎城分会在中共黎城县党组织的领导下，成立第一支地方武装——黎城牺盟游击队。1937 年 11 月，黎城建立了一支独立武装组织——漳河游击队，随后还有新华游击队、公安游击队。[①]1937 年 12 月，刘伯承强调，如果基干队是骨、游击队是筋，那么自卫队就是肉，三者相互配合才能最大程度发挥根据地的武装优势。[②]从 1938 年开始，各地农村普遍建立抗日自卫队，

---

① 黎城县志编纂委员会：《黎城县志》，北京：中华书局，1994 年，第 438—439 页。
② 中共山西省委党史研究室：《太行革命根据地史料丛书之三——地方武装斗争》，太原：山西人民出版社，1990 年，第 130 页。

在农救会的基础上，凡是 16 岁以上、50 岁以下的男子和 16 岁以上、45 岁以下的妇女都可以参加自卫队。他们用大刀长矛、土枪土炮等武器武装自己，站岗放哨，带路送信，救护伤病员，运送粮食物资，组织群众空室清野，同时还负责维持抗日秩序、进行参战和担负战勤工作。1938 年 4 月 27 日，129 师率主力部队，取得了反九路围攻的胜利，收复了黎城、武乡等县城。3 月份的神头岭伏击战、响堂铺伏击战的胜利，以及 4 月份反九路围攻的胜利，使八路军在村民心中的威望大大提高。1939 年秋季，霞庄也组建了属于自己的游击小组，成员有李福存、王金城、王松德、王有金等，成为霞庄自卫队的核心。1940 年，晋冀豫军区第一次扩大干部会议召开，提出建立民兵制度。1941 年 6 月，黎城县委遵照中共晋冀豫区党委的指示和决定，在全县开展民兵工作。与此同时，在县、区、村三级成立了武委会，霞庄参加民兵的有百余人（35 岁以下）。

为了加强统一领导，使战备工作规范化，从县到村都成立了战斗指挥部。为了在对敌战争中，组织地区与地区、村与村之间的相互联系、相互支援，互通情报、协同作战，全县按照地区特点，成立了 19 个联防小组，并设立了联防指挥部。它成为区与区、村与村之间行动的纽带。区、村联防都设有情报员、联络员，并规定如遇敌情的警戒信号和夜间口令。当时霞庄联防包括 6 个行政村：霞庄（含苏村）、元村（含李家圪罗）、庄头（含麻家垴、寺脑背）、李堡村、靳家街村（含戚里店、西宋店）、大停河村（含北停河、石羊坟）。平时由民兵统一集训，战时由联防指挥部统一指挥。1940 年，为粉碎日本侵略者的"囚笼政策"，争取华北战局更有利地发展，并影响全国的抗战局势，配合正面战场国民党军作战，阻断国民党妥协投降的危险，八路军总部决心向华北日军占领的交通线和据点，发动大规模战略性进攻战役，亦称百团大战。9月23日，按照统一部署，霍庄出动200多名自卫队员，参加黎城军民对日军的围攻，并在村周要道挖成蜈蚣形壕沟，给敌人进犯造成极大困难，有力地配合了前线战斗。

1941年1月百团大战取得胜利，军区在1940年太行区民兵参战总结中，对民兵取得的成绩、参与的著名战役、参战的英雄事迹进行了阐述，肯定了民兵的伟大力量。[1] 受此鼓舞，全县先后有1000余名青壮年参加八路军。[2] 不仅如此，民兵的战斗力也是不容小觑，一年来共参与作战318次，参战人数788人（其中有些人作战多次）。但也随之而来产生了一些问题。

第一，民兵的武器数量太少。一年来人数是增加了，但武器增加很少，加之大家对旧武器无信心，砍刀矛枪被大量抛弃，导致许多人没有武器。如果按每支步枪上报三人、每支土枪上报七人、地雷上报一人，手掷弹不计，共2880人有武器，占整个民兵自卫队18.8%，占民兵80.7%。而且在增加的武器中，借到的步枪与领到的几乎持平，领到的短枪数量远远低于借到的短枪（见表3.1），说明民兵真正拥有的武器并不多。因为不能马上有枪，他们就用高粱秆训练，以致对武器的使用能力很差，以后就算有了

---

① 中共山西省委党史研究室：《太行革命根据地史料丛书之三——地方武装斗争》，太原：山西人民出版社，1990年，第150—154页。
② 黎城县志编纂委员会：《黎城县志》，北京：中华书局，1994年，第436页。

武器，他们也不能快速、熟练地使用，武器运用方面难以达到统一，这就使得民兵战斗力被极大削弱。民兵负担太重且民力浪费严重。一年来民兵保卫黎城起了很大的作用，但也相当疲劳。经计算，全县民兵在一年间参与作战天数加上平时的武装训练时间等，平均每人每年约340天，也就是武装活动占民兵自卫队的全年时间的93%[1]，这就使得他们无暇顾及自己的生活。之前对民兵的规定为人民武装的最高组织，但是在实际战争中，群众往往不会体谅民兵作战的辛苦，在转移过程中让他们帮忙抱孩子、背行李等，长此下去，群众对参加民兵的兴趣逐渐降低。

表3.1　1941年全年武器增加一览表

类别	领的步枪	借的步枪	领的短枪	借的短枪	手榴弹	砍刀	矛枪	刺刀	子弹	地雷	土枪	土炮
前半年	144	92	2	4	1476	363	440	38	858			
后半年	235	248	6	16	2342	319	415	25	2610	595	46	2

资料来源　黎城县档案馆馆藏资料：《黎城县关于抗日战争民兵武装填发土地证工作总结通知表报（黎城县武委会1941年武装工作总结）》，档案号：54-7。

第二，民兵的质量差。首先，绝大部分民兵的对敌斗争观点不正确，这样一方面导致一些民兵工作不积极，表现为消极对待

---

[1]黎城县档案馆馆藏资料：《黎城县关于抗日战争民兵武装填发土地证工作总结通知表报（黎城县武委会1941年武装工作总结）》，档案号：54-7。

敌情侦察，不推不动，不主动抗日戒严，不追击，不站岗放哨；另一方面导致大部分民兵工作不认真，随便一个单子就当路条，不仔细看，对自己的工作极其敷衍不负责任。其次，参加民兵的动机不纯，由于是在短时间内组织大量人员参加民兵，所以很多人参加只是因为"能够吃上粮，拥有武器，很威武"，还有的是为了发财，据五个区39个村的统计，1102名民兵中动机不纯的有699名，占民兵总数的57.1%，即便在第七区这种情况较好的区，368名民兵中仍有89名动机不纯，占到民兵总数的28%。[①]最后，则是民兵不了解集体生活，缺少教育训练。

1941年是太行区地方武装发展的一个转折点，在民兵制度提出的第一年中，其过程是艰难的。除了民兵组织上存在的问题，其最大的根源在于群众的思想问题没有得到解决，对民兵组织认识不足。

第二节　思想教育与动员

长期的小农生活使中国农民的政治思想非常狭隘，他们只关心自己的生存与利益，过着平凡的生活。面对中共组织的自卫队、民兵，大多数人持观望态度。如何让农民自愿参与进来成了霞庄武委会当下最大的问题。民兵中暴露的问题，使中共认识到加强思想教育的必要性与重要性，只有从思想上入手，让他们明白战

---

① 黎城县档案馆馆藏资料：《黎城县关于抗日战争民兵武装填发土地证工作总结通知表报（黎城县武委会1941年武装工作总结）》，档案号：54-7。

争的危害性、明白八路军是人民的军队、明白民兵自卫队是为了保护老百姓切身利益，群众才能有所行动。

1942年2月，在晋冀豫武委会政工会议上决定以民兵中队为单位普遍设立政治指导员，由党支部副书记担任。[1]并且在平时的工作中加强民兵的思想政治工作。之后的几年，民兵的思想教育便被提上日程。

首先，加强对民兵领导者的教育，有计划地配备县级干部到村里领导民兵。因为经过对以往战争进行总结发现，如若领导者能力强，加之平日战斗的实际锻炼，民兵提高素质的速度很快；但是如果领导者能力差，那么民兵以后的发展会怎样将无法预料。[2]所以领导者对民兵影响极大，加强对领导者的教育刻不容缓。

其次，对群众进行宣传教育工作。教育的方式有两种，一是分小组讨论，一个小组为5—7人，选有队长，干部也要参加各个小组。二是为了鼓动群众与提高群众情绪，在村中戏台上演一些专题话剧。教育的内容主要有宣传八路军的战绩、节约生产救灾荒、八路军与中央军的比较、过去的政府与现在的政府对人民利益的实证等。讨论时，多是列举当地的实际例子，"在生产上，远处没看到，黎城干部在石板村开荒，一二九师开荒，八路军拾柴火，平时生活节约，态度好，不打不骂等是大家亲眼看到的"。[3]这些

---

① 山西省档案馆编：《太行党史资料汇编第6卷（杨殿魁：一九四二年人民武装政治工作几个问题总结，1943年）》，太原：山西人民出版社，2000年，第311—313页。
② 黎城县档案馆馆藏资料：《黎城县关于抗日战争民兵武装填发土地证工作总结通知表报（黎城县武委会1941年武装工作总结）》，档案号：54-7。
③ 黎城县档案馆馆藏资料：《黎城联合办公室关于秋树垣村生产土改、整党、划阶级成分工作总结报告（平头村的拥军工作总结1944年）》，档案号：54-28。

例子都是发生在群众身边的真实事件，让群众亲身体会到八路军是老百姓的队伍，一切为老百姓着想。在话剧表演方面，"上演一些八路军节约救灾荒、八路军战绩、家庭会议、明白人劝不明白人等简单明了的话剧，于每日上冬学前后上演，群众一边看唱剧，一边了解剧内容。"[①]教育的成果十分显著，八路军的所作所为赢得了百姓的信任，而且话剧这种直接的表演方式结合简单易懂的剧情吸引了大量百姓，"去年冬学每次 60 多人参加，今年自开始了拥军教育，参加人数每次有 120 余人，永不上冬学的'油腻客'和六七十岁的老年人也参加了。"[②]人数由 60 多到 120 多翻了一番，村民们还在村中涂写标语来扩大宣传。当时驻扎在霞庄的新华印刷厂，还印刷了大量报刊，通过报刊宣传抗日思想。

最后，则是组织反省工作。群众对之前自己的想法、做法进行了反思总结。

"以前看不起八路军，以为没枪没子弹，吃穿不好，八路军他们什么也做不成，对于八路军住房子很不满意，他们来的时候，我自己就锁住门出去了，藏起锅与碗，有处空闲地方也放其他东西，这样军队来了就不住房子了。敌人来了，也不敢和军队一起藏，怕被发现使自己受伤。"[③]

"以前反省不彻底，觉得八路军纪律不好，就是因为他们，

---

① 黎城县档案馆馆藏资料：《黎城联合办公室关于秋树垣村生产土改、整党、划阶级成分工作总结报告（平头村的拥军工作总结 1944 年）》，档案号：54-28。
② 黎城县档案馆馆藏资料：《黎城联合办公室关于秋树垣村生产土改、整党、划阶级成分工作总结报告（平头村的拥军工作总结 1944 年）》，档案号：54-28。
③ 黎城县档案馆馆藏资料：《黎城联合办公室关于秋树垣村生产土改、整党、划阶级成分工作总结报告（平头村的拥军工作总结 1944 年）》，档案号：54-28。

敌人才把咱们房子烧啦，吃了东西也不还。但有一次经过利华药厂，看了一场八路军文工团的演出，反省才比较深一些。"①

"以前觉得八路军没本领，敌人来了，你就走啦，敌人走啦，你又来了。有一次去帮忙驮公粮，半路上偷了六七斤，八路军真是宽宏大量，要是中央军早就打开你了。真正是咱老百姓的军队，以后要好好拥护八路军。"②

从群众的反省中可知，虽然八路军在太行区战果累累取得一定的成绩，但是他们并没有完全接纳八路军，在普通群众看来，八路军"敌进我退、敌驻我扰"的游击方式是不敢与敌人对战的。也正是因为八路军的一次次胜利，使得敌人把怨气撒在普通群众身上，百姓们的房子被烧，开过会的庙宇被烧。也有少数人通过与以往的军队对比，发现八路军的优点。总之，这次的反省让群众说出了心里的想法，经过大家的讨论交流，一些人对八路军的误解有所消除。经过长时间的教育与反省总结，群众的思想有了一定的变化。

"以后帮助军队开荒，帮助军队借种子农具；保证不荒一分地；不骂军队，保证给军队借锅碗；军队在前线打仗回来，要保证替军队站岗放哨，让军队好好休息；帮助退伍军人和荣誉军人干活；妇女做鞋比给自己男人做鞋要结实。"③从这短短的一段话语中可知，

① 黎城县档案馆馆藏资料：《黎城联合办公室关于秋树垣村生产土改、整党、划阶级成分工作总结报告（葫芦脚后家庄两村的拥军工作总结1944年）》，档案号：54-28。
② 黎城县档案馆馆藏资料：《黎城联合办公室关于秋树垣村生产土改、整党、划阶级成分工作总结报告（西下庄村的拥军拥政工作总结1944年）》，档案号：54-28。
③ 黎城县档案馆馆藏资料：《黎城联合办公室关于秋树垣村生产土改、整党、划阶级成分工作总结报告》，档案号：54-28。

思想工作是有成效的，大多数群众从心里接受了八路军，愿意去参加自卫队民兵来支援抗战。他们认识到自卫队与民兵的性质不同，这是为群众利益服务的一支队伍，民兵是一种比自卫队更高级的组织，但是参加民兵不等于参军，农忙时他们仍然会从事生产，是不脱离生产的武装骨干。这就消除了他们害怕"编兵"的恐惧心理，而在这个过程中，我们可以看到，并不像以往称赞的群众觉悟很高，有民族意识，事实上这个过程是曲折复杂的。农民何以支持与参加中国共产党革命？[1] 中国共产党的思想动员有着极大的作用。

第三节　民兵训练与参军

在广泛的教育与大力动员下，群众积极性有了极大的提高，他们纷纷主动参加自卫队与民兵。

1942年霞庄成立民兵基干队并配备武器，基干民兵有王俊明、王书会、王丕烈、王有奇、王松坡、李天中、王进河、王建文、王春德等20余人。在5月份的敌人大扫荡中，他们保护群众并转送情报，保证了战时交通线的畅通。

除了积极参战，民兵们还开始主动训练，参加练武，战斗力得到了极大提高。例如源泉全村共有民兵及男女自卫队员238人，参加练武的人数竟然有309人，一些老年人和儿童都参加了，究

---

[1] 李金铮：《农民何以支持与参加中共革命？》，《中共党史研究》，2012年11期，文章对农民参加革命的动机作了分析，目前学界的解释有四种：一是土地集中、家庭贫困与农民革命的关系，二是社会经济改革与农民革命的关系，三是民族主义与农民革命的关系，四是中共动员与农民革命的关系。

其原因才知道：原来在 1942 年敌人扫荡该村时，村民们逃到一个窑洞内躲避，不料被敌人发现，一部分村民惨遭杀害，这时有一位会功夫的村民，他巧妙地逃出去并从山上扔下几块石头，把敌人吓跑了，剩下的村民才幸免于难。事后他们总结，一致认为练武学本事能保住自己的生命财产，所以村民练武的劲头极大增强。成群的村民一起练武，彼此之间的距离拉近了，经常一起干活，在练武过程中共割柴 2299 担，送粪 879 担，妇女纺花 42 斤。①练武与生产相结合，更是鼓舞了村民。

表3.2　黎城县三个区民兵自卫军内参加练武人数占百分比

名称	民兵			男自卫队			女自卫队			合计			备注
	总数	参加	百分比	总数	参加	百分比	总数	参加	百分比	总数	参加	百分比	
一区	786	640	81.4%	2183	2067	94.6%	1741	994	57.0%	4710	3701	78.5%	二区清泉西井未统计在内
二区	845	755	89.3%	3097	2320	74.9%	2344	2206	94.1%	6286	5881	93.5%	
三区	423	412	97.3%	1354	1290	95.2%	1199	857	71.4%	2976	2559	85.9%	
合计	2054	1809	88.0%	6634	6177	93.1%	5284	4057	77.5%	13972	12141	86.8%	

　　资料来源　黎城县档案馆馆藏资料：《黎城黎北县政府关于参军归队，各种英雄八年抗战损失方面的总结报告（1945 年）》，档案号 55-34。

---

① 黎城县档案馆馆藏资料：《黎城黎北县政府关于参军归队，各种英雄八年抗战损失方面的总结报告（1945 年）》，档案号：55-34。

表3.3 黎城县一区参加练武人数占人口百分比

名称	男人			女人			合计		
	总数	参加数	百分比	总数	参加数	百分比	总人口	参加数	百分比
一区	6008	2707	45%	5632	994	17.6%	11640	3701	31.7%

资料来源 黎城县档案馆馆藏资料:《黎城黎北县政府关于参军归队,各种英雄八年抗战损失方面的总结报告(1945年)》,档案号:55-34。

表3.4 黎城县三个区在练武过程中发展民兵统计

名称	原有民兵	发展民兵数	现有民兵数
一区	596	136	732
二区	268	142	915
三区	359	64	423
合计	1223	342	2170

资料来源 黎城县档案馆馆藏资料:《黎城黎北县政府关于参军归队,各种英雄八年抗战损失方面的总结报告(1945年)》,档案号:55-34。

从表3.2可以看出,不管是民兵还是男女自卫队,其练武比例都维持在90%左右,思想动员的结果充分体现出来了,群众的积极性得到极大的提高。在练武过程中,黎城县3个区发展民兵342名(见表3.4)。所以掌握群众路线才是壮大队伍的根本,以不误农事为原则实行分散与集中的训练,以互助队为主,集体学习,战斗力与生产力都得到提升。不仅如此,面对武器困难的情况,民兵们钻研学习,自己研制地雷。与枪支相比较,手榴弹、地雷的制造要求低，原料容易获得，可以大量生产，而且这种爆炸性武器威力更大、杀伤力更强。霞庄的王有金，1939 年加入游击小组，1942 年冬天参加民兵，在武器短缺的情况下，他开始钻研埋雷方法，一种叫弓箭雷，敌人的探雷器无法发现也无法排除，一触即发；另一种叫马尾雷的地雷，用马尾铺于地面，连接导火线，单根马尾不易被发现，触动马尾地雷即被引爆。这两种设雷方法在全县推广，1944 年在黎城县城南举行劳动、杀敌英雄大会上，王有金凭借精妙的埋雷方法，被评为"地雷创造手"，人们都称他为"地雷大王"。①

民兵在战斗力提高的同时，开始正式入伍参加正规部队。

表3.5　黎城1941—1945年民兵参军统计表

年份	民兵（人）	民兵参军（人）	其他参军（人）	民兵参军比例	民兵参军占参军人数比例
1941	1624	192	153	6.3%	40.0%
1942	2006	226	173	11.3%	56.6%
1943	3306	208	169	6.3%	55.2%
1944	3943	313	121	7.9%	72.1%
1945	5155	623	232	12.1%	72.9%

数据来源　黎城县志编纂委员会：《黎城县志》，北京：中华书局，1994 年，第 441 页。

———————————

① 黎城县档案馆馆藏资料：《黎城县政府关于劳动，杀敌英雄登记表（党员劳动英雄杀敌英雄暨各种能手统计表）》，档案号：55-21。

从表3.5中我们可以看到，1941—1945年5年中，民兵的数量逐年上升，民兵参军数每年都多于其他途径参军数，民兵参军占参军人数的比例从1941年的40.0%上升到1944年1945年的70%多，成为每年参军人数的主力。

表3.6　黎城县部分村庄群众参军统计表

村名	历年参军人数（名）									占青壮年百分比
	1938	1939	1940	1941	1942	1943	1944	1945	总计	
霞庄	1	10	1		3	7	1	8	31	40%
西仵村	2	1	1		1	4	3	3	15	38%
东关	22	5	8	5	21	1		6	68	51%
赵店	9	2	3		2	5		6	27	45%
庄头	4	2	1	2	3	2	2	6	22	33%
西黄须	3		1	3	7	5	7	3	29	20.7%
停河	2	4	1		1	1	4	5	18	26%
停河铺		2	2		3	5	6	11	29	42%
东黄须	13	2	1	3	3	5	8	4	39	39%

资料来源　黎城县档案馆馆藏资料:《黎城一、二、三区各村参军统计表》，档案号：55-203。

注：表中的霞庄是包括霞庄主村与苏村两个村庄。

相比于其他参军者，民兵接受过一定的训练并且参加过战争，他们是有经验与基础的，这样的转变不足为奇。但是在表3.6可以发现，几个村中的普通群众参军情况也是不可小觑的，普通群众参军人数占全村青壮年人数比例高达40%。由于战争的影响，村中生产本就大不如从前，而男性人员一直都是生产中的主力。在这种情况下，他们毅然地参加军队奋勇杀敌，并不是说他们置家庭生活于不顾，更多的是因为群众思想的改变，"有国才有家"，他们愿意为民族大义去贡献自己的一份力量。

从地方武装的提出，到群众的思想教育动员，再到民兵成为抗战的中流砥柱，实现了由群众到民兵再到正规军的转变。其中也许还存在更多的问题与因素，其过程远远比我们了解得更加复杂。但是，毋庸置疑，地方武装的组织与发展是中共动员群众的一个缩影。到1945年，太行山区的民兵达到了10万余名，民兵自卫队约50万名，他们与正规军一起战斗，取得抗战的胜利，后又成为支持中共的一支强大力量。

第四章

霞庄的农业生产

第四章　霞庄的农业生产

我国一直是一个农业大国，自万年前的原始社会到今天，农业都占据着举足轻重的地位。不管经济结构如何变化，农业始终是国家发展的基础。要讨论抗战期间的太行山区乡村农业生产，除要考虑地形、气候等自然因素外，更重要的是要结合当时中共的政策影响。八年里，村民一方面与八路军战士齐心劳动促进生产，另一方面还要应对日军不定时的"扫荡"，在高度紧张的状态下"小心翼翼"地生活着。

第一节　村庄耕地面积与产量

20世纪二三十年代的黎城县，因位于群山怀抱的太行山区，交通不便，经济落后，农业生产便成为其主要的生活支撑与经济来源。1935年山西省农业人口占总人口的83.9%，[①]战争初期，黎城县的农家户数占全县总户数的90%。[②]农业仍占据重要地位。

---

① 郑会欣：《战前及沦陷时期华北经济调查》，天津：天津古籍出版社，2010年，第17页。
② 岳谦厚：《抗战期间山西潞泽沦陷区农业经济研究》，《太原师范学院学报（社会科学版）》，2018年第1期。

对战前霞庄的农业概况已在前章进行了简单的介绍，这里着重讨论 20 世纪三四十年代的情况。

表4.1 1937年霞庄各阶级成分人均耕地

成分	户数	占总户数比例	耕地面积（亩）	占总耕地面积比例	人均耕地面积（亩）
地主	14	9.5%	775	27.7%	11.4
富农	34	22.9%	1104	39.4%	8
中农	30	20.3%	492	17.6%	4.4
贫农、佃农	70	47.3%	429	15.3%	2.2

资料来源 霞庄村长李建华所藏文献：《霞庄村民国二十六年地亩账》。

关于人均耕地，1935 年山西的每个农户的耕地面积为 32.3 亩，人均耕地面积 6.21 亩。[1] 在华北地区，若要维持基本生活需要及解决温饱问题，人均耕地面积为 5—6 亩。[2] 当时霞庄人口 400 人左右，总耕地面积 2800 亩，人均耕地面积 7 亩左右，是超过以上标准的。由表 4.1 以及地亩账资料分析，1937 年霞庄的地主与富农人均耕地面积超过标准人均耕地面积，中农可勉强达标，但贫农与佃农人均耕地面积仅为 2 亩左右。上表的耕地是自耕地，贫农与佃农还租有 160 亩县、村的公地，这样算来，人均耕地也仅为 3 亩。

----

[1] 郑会欣：《战前及沦陷时期华北经济调查》，天津：天津古籍出版社，2010 年，第 17 页。
[2] 李金铮：《也论近代人口压力：冀中定县人地比例关系考》，《近代史研究》，2008 年第 4 期。

要讨论农民能否依靠农业生存，还需探讨其种植结构与产量。

黎城县的作物历来以粮食作物为主，约占播种面积的 90%，包括复播"一年两作"或"间作"，夏粮以小麦为主，秋粮以玉米、谷子为主，其次是高粱、豆类、薯类及少量的稻谷、糜黍等，其产量可见表 4.2。

表4.2　1936年黎城县主要粮食播种面积及其产量

类别	播种面积（亩）	占总面积比例	亩产（公斤）	总产量（万斤）	占总产量比例
小麦	94082	28%	47	442.19	18%
谷子	91490	27%	96.5	881.49	36%
玉米	79528	24%	109.5	870.83	36%
高粱	3500	1%	88.5	31.78	1%
大豆	44532	13%	39	173.68	7%
薯类	3450	1%	75	25.86	1%

资料来源　黎城县志编纂委员会:《黎城县志》，北京:中华书局，1994 年，第 118 页。

注: 其中 1936 年全县播种面积 33.39 万亩，总产量为 2425.86 万斤。

霞庄的种植结构亦是如此，但因地力、肥料、劳力等诸多因素，一般只种一季，冬小麦、玉米、谷子占到全部播种面积的 90%。冬小麦收割以后，会连种一些生长期较短的农作物，如一些豆类、黑豆、绿豆、南豆，还有黍子、荞麦等，但播种面积一般占耕地总面积的 10%；黄豆一般在玉米地里套种；高粱除作饲料外极少单种；小豆、芥菜等多在谷地里带种，不影响谷子生长；糜子只在大旱之年播种；蓖麻籽一般种在沟边不占整地，榨油点油灯使用。

霞庄的种植结构符合表 4.2，所以可以依据表 4.2 中的产量来推算霞庄的人均占有量。贫农与佃农的人均耕地为 3 亩，按上表比例种植，则人均拥有量为 3×28%×47+3×27%×96.5+3×24%×109.5=196.5 公斤 =393 斤。华北地区的人均粮食消耗量为每年 500 斤，[①] 综上，村中一半的人口其耕地占有与粮食占有是无法维持基本生活的，而且受战争影响一些酒坊、粉坊等也停止生产，村民的生活不容乐观。占全村户数 50% 的贫农与佃农其耕地只占 15%，这样的比例急需改善。

第二节　军民互助促生产

经过三年的发展，太行区已经成为重要的敌后抗日基地，对日军造成极大的威胁。黎城虽然未成为沦陷区，但是两次的占据与多次的扫荡亦让村民遭受了很大的损失，尤其从 1940 年开始，日军多次发动扫荡，企图摧毁根据地。1940 年 11 月的扫荡，霞庄被烧毁房屋 1000 余间，村中的五龙大庙亦被毁，被抢和烧毁粮食 30 多万斤，并抢走牲畜 10 头，村民储备的用来过冬的粮食所剩无几，一直到第二年夏天，都是以焦烂的粮食充饥。祸不单行，1942 年，

[①] 岳谦厚：《抗战期间山西潞泽沦陷区农业经济研究》，《太原师范学院学报（社会科学版）》，2018 年第 1 期。

太行区发生了严重的自然灾荒，天灾与人祸，使太行区进入了艰苦的困难时期。为了扭转这种局势，救村民于水深火热之中，开始了军民互助促生产的大潮。

1. 减租减息

根据中共中央 1942 年 1 月 28 日作出的《关于抗日根据地土地政策的决定》，中共晋冀豫区党委于 4 月 15 日发出《关于执行土地政策的指示》：在抗日战争中，必须满足农民对减租减息的要求，以削弱封建剥削，激发农民的抗日积极性。树立了农民的优势，才能真正团结地主抗日，才能有巩固的统一农村统一战线。在县委统一部署和领导下，于秋收后，有十多个村庄群众参加，在元村联合召开《减租减息和清债退押》和债主说理斗争大会。按照债户向债主交息与本金相等者停息，利息超过本金者，无条件地将押地退还给农民。经过和债主算账，绝大多数毁约退地或毁约清账，债主当场交出文约，少数开始不愿意交的，等着"变天"的，经过反复说理斗争，也交了出来，农村的土地占有情况和阶级情况发生了比较明显的变化。比如曹庄村共有 117 户，中农由 36 户增到 56 户，由原来所占总户数的 31% 增为总户数的 47.9%，贫农由 56 户减少到 36 户，由原来所占总户数的 49% 减到 30%；西井村共有 240 户，其中贫雇农 50 户，共占有土地 83.5 亩，户均 1.65 亩。通过清债退押、减租减息，到 1943 年春，他们的土地增加到 132 亩，户均 2.64 亩。[①]

---

① 中共黎城县委党史研究室：《中国共产党黎城县简史（1937—1949）》，北京：新华出版社，1991 年，第 142 页。

经过减租减息和说理斗争，村民辨明了是非，消除了宿命论，提高了阶级觉悟，加深了群众同党和人民政府的感情。多年来在债台高筑和高租额的压榨下的广大群众被解救出来了，过去是起早贪黑艰苦劳动却食不果腹、衣不蔽体。经过清债、退押、退租，霞庄村50%以上的农民又得到了一大部分的土地，这极大地提高了农民的生产积极性。

2. 战胜灾荒

1940年的大扫荡，村庄损失严重。1941年秋、冬季雨雪稀少，收成不好，1942年春又发生严重的干旱，农业歉收，加之敌人对根据地的经济封锁，不仅缺粮、缺盐、缺油、缺布，火柴亦难买到，群众生活极其困难。1943年灾情更为严重，连续三年的大旱，全县平均收成不到三成半。在5月14日下了雨之后，一直延续到8月初才下雨，两个多月的干旱，使得种下的庄稼几乎都枯死。霞庄全村平均收成不到四成，残留的玉米仅有小麦高，玉米穗仅比核桃大，群众粮食不够，只好以糠菜充饥。

面对严峻的灾情，中共中央北方局提出"生产自救"的口号，中共晋冀豫区党委和边区政府，也发出救灾的紧急指示。在边区党委和政府领导下，霞庄村民开始了战胜灾荒的行动。

首先，在日常生活中厉行节约，互相帮助。利用民校，提出"仗义疏财、富济贫、有济无、亲友互助、邻里互济"的口号，村中大户和李石鸿等几天之内共借出30多石粮食。群众则"实行节约、反对浪费"，婚丧嫁娶节省从俭，结婚"不坐轿、不用音乐团、不用旗牌伞"，新娘新郎骑马俭办，从王宽兴开始，后人皆照办。

经王善文倡议，并提出方案，改革婚丧办事的旧规："原男女帮忙，从死亡之日到丧事结束，每帮一天忙一尺布，改为不论多少天，事完每人一方布；下葬礼，抬灵人员根据女儿婆家经济情况，贫家有之即可，富者钱小了不下葬，改为量力而行，给多少算多少，不争不要。"

其次，组织群众制定度荒计划，将自家粮食和其他代粮品精确计算，做到心中有数以防不测。男女老少成群结队采集野菜、树叶代替粮食，或将榆树叶晒干和糠加少许玉米磨成面而食。为救灾度荒，1942年，由王崇文、王宇双负责筹组合作社。组成后，推举王崇文为主任，王迎禧为会计。除购销群众所急需的食盐、火柴和布匹外，还以工代赈收购羊肥、碎骨等；组织群众打旱井、水窖二十余眼，既可储水抗旱下种，亦可解决敌人"扫荡"时，逃出野外无水吃的困难；并组织群众"熬硝盐、加工柿饼"等，外销换回粮食，补助救灾。

最后，则是干部安抚群众并以身作则与灾荒作斗争。长期的天旱成了群众的心病，他们什么也不想，什么也不做，战争这些问题都放在次要地位。

"他们三三两两，十个八个，什么也不做，坐在街上乱谈，你说'要死'他说'等死'，越说越灰心，越灰心越不动。他们把希望全部寄托在雨上，而且农民看问题是往好处看不往坏处看，'再等两三天就下啦。''有了潮气了。''难道云端里没有雨？一定有……'，他们绝不会退一步想万一不下怎么办，因此他们就不做一些万不得已的打算。'大势已去小的有什么用？'他们看不起浇南瓜、豆角、山药蛋，看不起浇玉茭，而且他们根据经验主义否认能'浇活'，有时候县区干部'死劲暴力'去亲自浇地，希求影响，但也没多大效果，干部在南委泉亲自浇了一天地，有的群众甚至笑，地主反而说：'有那时间你们坐在树凉下歇歇吧，管这干啥？''留地做什么，反正是死。'有一个有粮人节食省用，反而受到同一巷内的三十余户人家的反对。有一部分有粮富农，很害怕群众吃他粮，心很恐慌，大吃大喝。"①

这段资料真实地反映了广大农村民众面对灾荒的态度与做法。几千年来中国农民对天旱（自然）一贯采取屈服的态度，唯一的办法就是等天祈神。他们不相信自己的能力，认为在大自然面前人的一切行为都是徒劳的。而且天旱造成社会秩序的紊乱，特务分子造谣生事，制造变天思想等。面对此种情形，黎城县的干部开始用实际行动来证明人定胜天，他们开始开垦新地。1936 年黎城县耕地为 33.29 万亩，1941 年新开荒 1525 亩，恢复熟荒地 2728 亩，整修滩地 195.5 亩，扩大水浇地 842 亩，水浇地面积达到 3415.5 亩，1943 年耕地面积达到 37.33 万亩。②对已经播种的则采取担水浇地。霞庄村在赵涛同志③的带领下，担水浇苗保苗，抢种晚秋作物荞麦黍子等早熟庄稼，以及萝卜、蔓菁等。8 月起，秋雨绵绵，村内的晚秋作物喜获丰收。当年全县的蔬菜大丰收，亩产平均 2000 斤。群众情绪高涨，生活也逐渐稳定，开始步入正轨。

---

① 黎城县档案馆馆藏资料：《中共黎城县委关于干部变动和党员干部配备工作计划总结统计表（黎城县委工作通讯——和灾荒斗争与备战问题）》，档案号：54-12。
② 黎城县志编纂委员会：《黎城县志》，北京：中华书局，1994 年，第 118 页。
③ 赵涛为黎城县委委员。

3. 生产大运动

为了迎接最后的大反攻，也为了提高民众的生活水平，县政府遵照太行区党委的"把大生产运动，防荒救灾，作为同整风一样重要的中心工作"的指示，从 1943 年秋、冬起到 1944 年，实行党政军民总动员，开展轰轰烈烈的大生产运动。大生产运动主要表现在农业产量增加与纺织技术提高两方面，村民们以互助合作的方式进行生产。

之前的减租减息与新地开垦使大多数贫农得到了土地，让广大群众焕发出高度的积极性。在此状况下，1943 年夏霞庄开始组织"劳武结合"的变工互助组，组织妇女和住在王景福院的老董婆姨学习纺纱织布，使妇女在参与劳动中初步受益，为开展大生产运动创造了条件。

1944 年互助组进一步发展。在村干部的号召下，村中民众全部编组，一些孤寡无劳动能力者也平均分到小组，大家分工负责、互助合作，坍塌的房子重新修好、荒废的土地开始种植，村民们出力干活还能得到工资，大家的情绪越来越高，各组之间开展红旗竞赛评选哪个小组庄稼长势最好。

春季组织男女老少全部出动，在王逢奇的带动下，全村试种的"金皇后"玉米，秋后获得大丰收，较普通玉米增产 50% 至 70%。棉花收成也很不错，除满足纺织需要和群众自己留用外，还交售政府 2000 余斤籽棉。由于农业丰收，不仅负担粮、征购粮任务如期完成，多缴征购粮者也不少，一般超过征购任务的

30%。[1]1945 年，全村开始有计划地扩大种植面积，推广玉米良种"金皇后"、夏麦良种"一六九"。棉花种植面积也扩大了一倍，政府优惠收购，此项良种的试植与推广，在全县较其他村早一年。

纺织则在李秀莲的带领下，将全村的妇女组织起来。1944 年秋后，各纺织小组合并组成纺织厂，厂址设在王宽心院，未加入组织的由合作社统一收购。纺织厂由王明德负责，他精心钻研学习，配合李秀莲使纺织技术不断提高，从一开始织平面布升级到织带格布和羊肚毛巾，产量也得到了增加。在敌人的经济封锁下，不仅解决了村民购布难的穿衣问题，而且有力地支援了根据地的建设，增加了收入。1945 年，全村的手拉织布机发展到 40 多台，纺纱车则是几乎每个妇女人手一台，还有纺纱机一台，弹花机、压花机各两台。王岷加工的织布梭，轻便美观，除供全村使用还销售外村。县区为了推广霞庄纺织合作经验，多次邀请妇女到集会上表演织布技术，当时霞庄的纺织技术居全县之首。由于村内的妇女学会了纺织，有了经济收入，随之地位也得到了提高，受到人们的尊重。村内流传着赞赏的歌谣：

> 谁家布机哗啦响，隔邻娇语纺织娘；
>
> 昼去织布夜纺纱，妇女承担半个家。[2]

由于纺织技术的提高，棉布产量的增加，旧有的纺织组已经不能满足村中妇女的要求。1946 年春，政府号召"耕三余一"，

---

[1]《黎城县霞庄村志》，第 21 页。
[2]《黎城县霞庄村志》，第 23 页。

任务量大大超过以往。妇女们想出一个增产的好办法，在村政府、合作社、妇女联席大会的讨论下，成立了霞庄小型纺织厂。工厂设在大庙，有纺车、拐线车、打袜机……妇女们在工厂纺织按织布尺数计分，而且还学会多种技术，织布、织手巾、织袜子等。到 7 月，全村共有纺妇 145 名，织妇 75 名，纺车 144 架，织布机 40 架，6 个月织布 13900 尺，除全村需用外，还可卖出 6700 多尺。[①]纺织成绩在全国有名。

霞庄的农业互助生产、良种推广、纺织合作成绩显著，生产跨入全县先进行列，成为抗战后期的先进村之一，受到中共黎城县委和县政府的多次嘉奖，太行新华日报记者高一帆经常来村进行报道。[②]县政府奖给霞庄的"组织起来"金字匾，曾挂在王氏祠堂的大门三楹上。[③]

第三节　村民支援抗战

抗日战争的胜利离不开广大群众的支持，战士在前方浴血奋战，而一些普通百姓则在后方用自己的方式默默支持抗战。黎城县作为太行根据地的重要组成部分，八年来，八路军的后方医院、兵工厂、制药厂、子弹厂等均在此驻扎过，此外还有在此召开过黎城会议、南委泉群英会等，这些无不需要巨大的物力与人力去

---

① 张培礼：《霞庄的小型纺织工厂》，《人民日报》，1946 年 9 月 26 日。
② 高一帆（1920—2010），山西省黎城县人，1940 年 5 月至 1949 年 9 月，曾任《晋冀豫日报》《新华日报》记者、编辑。
③ 据霞庄村长李建华说，牌匾在 20 世纪 80 年代已被损坏。

支撑。所以村民除了维持自身的日常生存，还需承担一定的负担来支援抗战。

表4.3　霞庄1940年部分收支粮账

收入			支出		实存
村名	种类	数量（斤）	单位	数量（斤）	数量（斤）
霞庄	米	8760.2	新一旅二团	5400	0
			新一旅二团	1800	
			本村学校	304.62	
			村公所干部食粮	305	
苏村			十三团	411.2	
			村公所干部食粮	536.4	

　　资料来源　霞庄村长李建华所藏文献：《霞庄主村收支粮款移交账 民国三十一年五月十七日》。

　　注：全面抗战爆发后，霞庄为主村，苏村作为附村属霞庄管辖。

表4.4　霞庄1941年部分收支粮账

支出					实存	
种类	数量（斤）	单位	种类	数量（斤）	种类	数量(斤)
米	17606	民兵工作员	米	44.5	米	0
		本村学校公所	米	301		
		新一旅	米	5300		
		苏村退伍军人	米	500		
		××教员	米	××		

续表

支出					实存	
种类	数量（斤）	单位	种类	数量（斤）	种类	数量(斤)
米	17606	子弟兵大队部	米	500	米	0
		新一旅工作员	米	30		
		县府轮训队	米	500		
		公安局	米	××		
		巡视团	米	119.6		
		武委会	米	98.6		
		××指导	米	400		
		农业税务所	米	170		
		新一旅粮食	米	9450		
麦	2394	四分区	麦	910	麦	16
		四分区	麦	465		
		本村学校公所	麦	33		
		民用工作队	麦	300		
		交通局	麦	100		
		民用工作队	麦	500		
		××指导	麦	40		
		农业税务所	麦	30		

　　资料来源　霞庄村长李建华所藏文献：《霞庄主村收支粮款移交账 民国三十一年五月十七日》。

表4.5　霞庄1940年钱款收支

收洋	支出		实存
	单位	钱款	
2853元02分	区公所	1816元8毛6分	1元6毛
	本村公××办公费	48元5毛	
	本村学校经费	50元	
	本村学校教员	76元3毛4分	
2853元02分	本村学校经费	137元5毛	1元6毛
	一区	722元2毛2分	

资料来源　霞庄村长李建华所藏文献：《霞庄主村收支粮款移交账 民国三十一年五月十七日》。

　　以上三个表格为1940年、1941年霞庄部分粮食、钱财收支账，这个时期正是根据地严重困难的时候，村民们不仅提供粮食还有钱财。通过表格可知这些粮食钱款除了支出到新一旅、子弟兵大队部等，还流向其他分区及区里的一些单位，如农业税务所、交通局、公安局等，非常广泛。在粮食支出中，新一旅占到了总支出80%（表4.3、表4.4），军队的入驻需要大量的粮食支持，村民上缴的粮食钱财实存寥寥无几。1940年3月份的收支账中，"共收米138石6斗8升7合1勺，支出米155石零零3合4勺，结果为不敷米16石3斗1升6合3勺"[①]。村民在自己生活都无

① 霞庄村长李建华所藏文献：《霞庄主村收支粮款移交账 民国三十一年五月十七日》。

法满足的情况下仍然尽心尽力提供粮食，在1940年霞庄部分村民
收支粮账中（见表4.6），不管是地主还是贫农都倾囊相助。按一
人一年500斤粮食消耗计算，王清顺的供粮可以维持两人的生活，
贫农虽然供粮较少，但已达到其每年收粮的一半左右。王福贤作
为贫农，150斤的粮食支出可能会使他在这一年中无法饱腹。而且
1940年霞庄刚遭日军"扫荡"，村中所存粮食本就不多，这些可
能是村民家中仅存的救命粮，但他们还是一心出粮支持抗战，这
种齐心御敌的家国之情无不让人敬佩！

表4.6　1940年霞庄部分村民收支粮账

成分	姓名	收粮种类	收粮数量	折合斤数
地主	李遇方	米	8斗6升9合	91.24斤
	王怀仁	麦	2斗	28斤
		米	1石2斗4升9合	131.14斤
	李建勋	麦	2斗	28斤
		米	9斗3升半	98.17斤
	王清顺	麦	8斗8升8合	124.32斤
		米	7石8斗9升2合	828.66斤
贫农	王宇康	米	6升4合	6.72斤
	王屿	米	9升7合	10.18斤
	王福贤	麦	2斗	28斤
		米	1石2斗	126斤

资料来源　霞庄村长李建华所藏文献：《二十九年三十年收粮总数账》。
注：表中的米为小米。

表4.7 抗战期间进驻霞庄各机关团体一览表

类型	名称	时间	相关信息
学校	八路军随营学校	1938.5—1938年秋	1938年5月上旬，随营学校进驻霞庄，校部设在李坤亨家前院，校长韦国清住在后院
学校	抗日军政大学一分校	1940.7	1939年六分校进驻霞庄，校部与校长何长工均住在李建勋与李坤亨院，学生除在霞庄居住还分散在邻村
	抗日军政大学总校 抗日军政大学卫生处	1940.7—1940.11	1940年抗日军政大学总校（对外称黄海部）进驻黎城霞庄，总校副校长罗瑞卿、政治主任张际春均住在李建勋与李坤亨院
军事机构	129师师部	1938.3	1938年初春，129师师部进驻霞庄，师长刘伯承、政委邓小平、参谋长李达等住在王嵘家。司令部设在王密院，政治部设在王利斌院，政治部主任柴树潘。副主任宋任穷住在王利斌院的西房
	129师师部 386旅旅部	1938年秋—1939年春	1938年秋后，386旅旅部进驻霞庄，旅长陈赓住在李坤亨院
	八路军总部	1939年初—1939.5	1939年春节后，八路军总部进驻霞庄，总司令朱德住在王保金院，副总司令彭德怀、副参谋长左权等住在王魁业院
	129师师部 385旅旅部	1940年冬—1941年春	陈锡联率385旅旅部进驻霞庄
文化机构	太行山剧团	1940年	太行山剧团由涉县西达城移驻到黎城县霞庄，在这里进行了精兵简政

类型	名称	时间	相关信息
文化机构	新华书店 开路先锋剧团旧址	1940.2— 1940.10	华北新华书店设在王庆端院南房，剧团设在霞庄西街，团长赵子岳经常带领剧团在村中演出
	晋冀豫省委 晋冀豫省委党校	1940.2— 1940.6	1940年2月晋冀豫省委进驻霞庄，省委书记李雪峰、组织部长徐子荣、宣传部部长彭涛等领导住在李建勋与李坤亨的前后院，省委党校校部与校长冷楚住在李玉端的院内。1940年4月在霞庄五龙庙召开"黎城会议"，大量的部队与参会人员均住在霞庄与西黄须

资料来源

刘泽民等主编：《山西通史 卷8 抗日战争卷》，太原：山西人民出版社，2001年，第693页；

中国抗日战争军事史料丛书编审委员会：《八路军回忆史料2》，北京：解放军出版社，2015年，第53页；

阮章竞口述：《异乡岁月 阮章竞回忆录》，北京：文化艺术出版社，2014年，第223页；

《李达军事文选》编辑组：《怀念李达上将》，北京：长征出版社，1997年，第258页；

王树德：《黎城县霞庄村志》，黎城：黎城印刷有限公司，2001年。

　　笔者结合书籍及村中现存遗址，粗略地统计了抗战期间住在霞庄的各机关团体（见表4.7）。村民每年除了上文所提及的负担账之外，平时也要为这些机关团体提供住所与粮食。黎城县本就是太行区的重要根据地，驻扎着大量机构与部队，加之位于左权与武乡东南，成为八路军转战的必经之路；而霞庄地理位置特殊，便于军队迅速转移，村中文风盛行思想开明愿意接收外来团体，有众多明清建筑为机构及领导人提供相对良好的住所。所以除一些学校、军事机构、文化机构外，还有许多领导人在此小住。例如八路军总司令朱德、八路军副总司令彭德怀、八路军前方指挥部参谋长左权、八路军随营学校校长韦国清、129 师师长刘伯承、129 师政治委员邓小平、129 师 386 旅旅长陈赓等。从表 4.7 可知，李建勋院先后住过多个机构，他为村中大户，以经营商业起家，有院落八处、圈院两个，其房屋总数百余间，占后街房屋总数一半以上。当这些机构进驻霞庄时，他毫不犹豫地为其提供房屋与粮食（见表 4.6）。

虽然这些机构在霞庄的时间并不是很长，短的就是在转移途中路过休息几天，多则几个月，但仍需要村民们提供粮食。"八路军来了分住在村民家里，他们向村中一些大户打欠条借粮，当时我爷爷种了六七十亩地，借给八路军不少粮食。他把八路军的欠条放在我家的暗柜里，上面用毛笔写得密密麻麻的字还盖有红章，还告诉我，这些都是咱家对抗战的贡献。但是这些都被当废纸烧了，没有保存下来。"①

---

① 访谈对象：王向荣，75 岁，曾任霞庄会计。访谈时间：2019 年 5 月 13 日。访谈地点：村中。王向荣爷爷王铭，根据《霞庄村民国二十六年地亩账》可知为村中富农，拥有 81 亩耕地。

晋冀豫区委旧址门楼

晋冀豫区委旧址

八路军129师386旅旅部旧址大门

八路军129师386旅旅部旧址正房

八路军129师师部霞庄旧址门楼

八路军129师师部霞庄旧址正房基地

八路军129师工作团团部旧址门楼

八路军129师工作团团部旧址正房

抗日军政大学总校旧址大门

抗日军政大学总校旧址西楼

八路军新华书店、先锋剧团旧址门楼

八路军新华书店、先锋剧团旧址正房

彭德怀路居门楼

彭德怀路居办公室

八路军总部霞庄旧址门楼

八路军总部霞庄旧址朱德办公室

　　霞庄的借粮单没有保存下来，但在洪井乡的孔家峧村中，村长郭海波留有当年八路军等机关的借粮单，①我们可以从中简单分析。"今到柏官庄村村长早晚饭二顿""今借到郭玉琴先生米粮 × 石四斗"，这些简单的小借条不仅可以看出当时军队纪律严明、管理有序，不白吃白拿村民一点东西，即使一顿饭也要明确记录，更能看出当时村民的热情。大到每年的钱粮支出，小到一日三餐，正是这种浓厚的军民情才让战士们更加勇敢无畏、斗志满满。

　　除了拿出粮食与钱财资助军队之外，村民们还用其他办法贡献自己的力量支援抗战，如在霞庄流传的"假维持入虎穴，探窃日伪情报"的故事。1939 年 8 月 7 日，长治、邯郸附近的日军东西对进，占据东阳关和黎城县城。在邯长路上的停河铺村驻扎着日军大量部队，还在东黄须、辛村、下桂花等村设据点。在邯长路沿线玉石桥、戚里店村南等地修筑了碉堡，妄图切断我军过往邯长路并分割路东与路西根据地的联系。为保卫群众秋季作物的收获储藏与冬小麦的播种，王树长同志受中共黎城县委派遣，回村在党支部的领导下，和王宣堂出面组织假维持会，王宣堂任会长。王树长长住在停河铺村日伪军的据点处，每天为日军"工作"。他忍受着家人和村民对他的咒骂，把生死置之度外，日夜奔波，悄悄探查日伪军的动向、搜集情报。他严守纪律、负辱为民，在 1941 年村政大选时，群众不明真相，因此落选。党支部将王树长

---

① 郭海波为现任孔家峧村村长，其爷爷郭建仁在抗战期间任村长。孔家峧位于黎城县西北部，全村处于一条长约 10 里的大山沟里，1940 年 129 师师部驻扎于此。村中现存有数百张 1940 年至 1945 年的抗战文书，包括各种党政机关的粮钱出入账、各种凭证、票据等。

获得的情报，及时派人送到县委规定的接头地址，当时有专人接收情报、传达任务。王树长同志深入虎穴，得到的情报准确，对打击日军起到了极为重要的作用。群众不仅顺利完成了秋季作物的收获贮藏和冬小麦的播种，而且如期完成了军粮征购，在民兵的掩护下，将粮食按时送缴至红茹沟临时粮库。王树长编造情报，迷惑敌人，使得日军未在霞庄抢到粮食。一次日军大队人马浩浩荡荡出来抢粮，王树长告诉他们村中无人，他们不相信，结果到了村内发现人粮皆空，他们便到山边搜索，遭到游击队的伏击，一名"太君"也跌落白岩山，日军损失惨重，至此，日军对王树长的情报深信不疑。为了确保群众的安全，霞庄村内的民兵在魁星楼、五龙庙附近昼夜巡逻，并设有暗哨，一旦发现敌情，立即发出信号，村民便会迅速转移。

在全民族抗日战争开始后，以霞庄为中心的周边村庄，先后进驻过八路军总部随营学校、中共中央北方局党校、抗日军政大学等。这些学校的学生有的来自沦陷区，有的来自大后方，成千上万的爱国有志青年来太行山地区学习，他们为抗日战争的胜利作出了巨大贡献。有不少人长眠沙场，当地流传着这样一首歌：

> 霞庄水清酒香，蟒山雪白山苍；
>
> 多少爱国志士，在此熏陶成长；
>
> 逐日寇血溅沙场，为民族长眠太行。

这些机构、学校的驻扎，对宣传教育和组织群众做了大量工作，激发了广大人民群众抗日爱国的民族热情，坚定了抗战必胜的信心，并帮助建立和整顿党支部。在上级党组织的领导下，霞庄党支部成为一支具有一定战斗力的能团结和领导群众的重要力量，为霞庄抗日工作的进一步开展，创造了条件，奠定了基础。

第五章

霞庄的社会文化变革

第五章 霞庄的社会文化变革

太行区的封闭保守使其文化也相对落后。传统的农业经济模式把农民固守在土地上，文化生活极其贫乏，大多数的村民没有读书识字的机会，精神生活匮乏。男尊女卑的观念让妇女在社会上没有一席之地，童养媳、包办婚姻等陋习随处可见。抗日战争全面爆发后，战争在给群众带来苦难的同时，也在根据地内部掀起了一场文化变革。

第一节 文化教育的延续

霞庄自明清以来就以文风盛行，村民对孩子们的教育是很重视的。1913年初级小学建立后，开始实行男女分校，女校在五龙庙，男校在圪道街。为及时解决办学中的问题，学校专门设置校董掌管，先后为王东曦、李建勋、王木昌、王崇文等人。校内设备齐全，适龄儿童入学率在95%以上，即使家境困难、劳动力缺少，也要夏耕冬读。村中一些有文化的年长者，闲时经常聚在教室外听老师授课，一方面是想多学知识；另一方面也是对老师的监督与考核，若授课过程中出现错误课后会予以纠正。虽说霞庄推行义务教育较早，但是重男轻女的思想依旧存在，所以，战前女性适龄儿童入学率不到30%。

抗日战争全面开始后，教育工作受到影响，大部分学校停办。面对强大的敌人，群众思想不一，难以团结。为此，在物质极其匮乏的年代，根据地党和政府适时开展了教育普及。1940年，黎城县学龄儿童数为5144人，就学数4218人，就学率达到82%。全县农民识字班有132所，扫盲人数达到3.7万人。[①]1943年，全县开办民校421所，扫盲人数达4.2万人。[②]为响应"教育为工农开门"的方针，小学采取了多种办学方式，有全日制、半日制、隔日制、农闲班和早、午、晚班。为了配合抗战，还大力提倡教育与战争、生产、社会、家庭"四大结合"，课外活动唱抗日歌曲、宣传抗日。[③]除了广泛开设学校，还出版书籍、印刷报纸来加强宣传工作。1938年，由史纪言、郑立格创办《太行山报》，后改为《黎明报》，每期发行280余份，用以宣传中国共产党的路线、方针、政策，发动群众抗日救国。1942年改为《黎城小报》，虽然战火连天，但报纸却一直出版着。[④]

霞庄的教育基础好，所以在抗战期间文化教育的成果也是很显著的。1940年抗日军政大学一分校到达霞庄，在五龙庙举行开学典礼后，便开始上课，课程内容包括政治与军事两大类，何长

---

① 太行革命根据地史总编：《太行根据地史料丛书之八——文化事业》，太原：山西人民出版社，1990年，第355页，357页。
② 黎城县志编纂委员会编：《黎城县志》，北京：中华书局，1994年，第475页。
③ 黎城县志编纂委员会编：《黎城县志》，北京：中华书局，1994年，第479页。
④ 黎城县志编纂委员会编：《黎城县志》，北京：中华书局，1994年，第557页。

工担任校长。由于晋东南地区是八路军总部与 129 师的驻地，所以学生们在学习之余还能及时向部队学习丰富的作战经验，让理论与实际完美地结合。村内的一些进步青年也开始去听课，虽然短短几个月，但是收获确实很多。1940 年华北新华书店进驻霞庄，书店除销售一些翻译的马列著作外，还会印刷根据地学生的课本。在这种良好的氛围中，村民们耳濡目染地学到很多。李叔敖为李氏第十七世，高等小学毕业，后从事教育工作，多在大村子当老师。他教导有方，其学生成绩很好，升学率高，远近闻名。全民族抗日战争全面开始后，他便回村办民校，宣传新文化，并且编导戏剧配合王承演文明戏，宣传和教育群众团结抗日，贡献巨大，1945 年在太行区第一届文教群英会上被评为"模范义务教员"。[①]以上种种加之党和政府对文化教育的重视，霞庄的儿童入学率大大提高，女性适龄儿童的入学率达到 90%。儿童不分性别普及初级小学教育，对青年群众也开办男女民校，共同学习。

据不完全统计，民国时期霞庄具有高等小学以上学历者有 56 人，其中大专 10 人、中学 27 人、高小 19 人。抗战期间在村中担任教员的多达 20 多人，有王贵堂、王树德、王建勋、王逢端、王利端等，其次亦有 10 多人在战争期间不断学习充实自己（见表 5.1）。战争虽残酷，但仍没有抵挡村民学习的热情，霞庄的教育一直在延续着。

---

① 黎城县志编纂委员会：《黎城县志》，北京：中华书局，1994 年，第 880 页。

表5.1　抗战期间霞庄部分高等小学以上学历者统计

姓名	毕业学校
王兆端	讲习所
王兆庆	教练所
王贵堂	抗战期一高小
王树德	抗战期二高小
李占敳	教导团
李天中	抗战期二高小
王建文	抗战期二高小
王彩堂	教练所

资料来源　《黎城县霞庄村志》，第74页。

第二节　妇女解放

在人类社会中，女性一直扮演着重要的角色。1924年，黎城县全县总人口82778人，女性为34007人；1935年，全县总人口77574人，女性为32205人。[①] 可知，女性达到总人数的42%多，在农村地区，这个比例应该更高。然而，在封建社会中，"三纲五常""三从四德"等封建礼教却把女性牢牢地禁锢着，她们只能在家庭这个小圈子里任劳任怨，社会地位低下，没有任何"权利"。

[①] 黎城县志编纂委员会：《黎城县志》，北京：中华书局，1994年，第649页。

中国共产党自成立以来，就意识到这个问题，要想解放农民大众，首先要解放广大妇女。

全民族抗日战争开始后，根据地开始广泛开展妇女运动。1938年，中共黎城县委召开全县妇女代表大会，成立黎城县妇女抗日救国会（妇救会），深入全县各村发展会员，[1]团结各界妇女开展抗日并争取自身的解放。在1940年的春耕大生产中，妇女表现十分突出。在此之前，黎城妇女是不下地劳动的，而且把妇女去田间劳动当成不光彩的事情，但是在这次大生产中，70%以上的妇女参加劳动。城南村的一位妇女，不怕苦、不怕脏，起早贪黑挑粪，一时成为佳话，县委将其视为典型，大力号召全县妇女向她学习，在社会上树立了妇女参加生产劳动的新风尚。[2]

霞庄的妇女解放不仅在纺织运动中有所体现，而且在互助合作中，妇女参加劳动也开始领工票记工分。[3]其实在这场解放运动中，不得不说的便是纺织英雄李秀莲，她的经历很好地诠释了农村妇女的变化。

李秀莲，1913年出生于河南清丰县一个贫穷的农民家庭，她四五岁时父母生病，但因无钱医治双双离世。在她11岁时，当地发生水灾，颗粒无收，很多人出去逃荒。她被叔叔卖到黎城西仵的一户人家当童养媳，但没过多久，西仵这户人家无法维持生计，

---

① 黎城县志编纂委员会：《黎城县志》，北京：中华书局，1994年，第467页。
② 中共黎城县委党史研究室：《中国共产党黎城县简史（1937-1949）》，北京：新华出版社，1991年，第78页。
③ 黎城县档案馆馆藏资料：《黎城县政府关于霞庄、子镇、长垣等农业工作情况调查》（霞庄村的四年农业简略），档案号：55—117。

把她转卖到霞庄李全家，给他的儿子李有存当童养媳。李秀莲这
个名字也是到李全家起的。李有存比她大 13 岁，在村中很有名望，
经常与村里的一些年轻人吃喝玩乐，赌博、吸毒，染上很多恶习，
对家里的事完全不管。十几年来，李秀莲尝遍疾苦，一个人挖野
菜、收庄稼，闲时给别人洗衣服、做鞋子，辛苦地维持着生活。
长此下来，她对生活失去了兴趣，试图跳崖自杀，幸得被村民相救。
抗战开始后，霞庄先后成立了党支部、妇救会等机构。由于李有
存这个人讲义气，在村中有一定的威望，所以支部派人来做工作，
希望他能在村中起带头作用，支持抗战、改掉恶习。经过一系列
说服与教育，1942 年李有存成为一名党员，对李秀莲的态度有所
转变，也开始关心家庭。减租减息的政策实施后，李秀莲分到了 9
亩土地。如此种种，让她对以后的生活充满了期望。

　　1944 年霞庄响应政府号召，开始组织纺织运动，村中妇女认
为自己学不会。在此情况下，李秀莲带头学纺织。"村中人都认
为河南人应该会纺织，其实我奶奶从河南来到黎城时才十多岁，
只是个孩子，并不会这种技术。她是一个自卑的人，从小被卖到
我家，在我爷爷面前，她是没有地位的，但是她要强，所以她想
证明自己。共产党的作为使她看到了希望，她觉得共产党是来帮
助贫苦人民的，便发疯似的把全部热情投入革命事业中。只要跟
着共产党干就能实现自我，她日夜学习，不断研究、揣摩，改进
方法，带领小组学会纺织。"[①]功夫不负有心人，在李秀莲的带领下，

---

① 访谈对象：李建华，45 岁，李秀莲孙子，现为霞庄村长。访谈时间：2019 年 5 月 13 日。
访谈地点：村中。

霞庄的纺织技术远近闻名。"我奶奶被评为纺织英雄后，特别自豪，她一个人骑着毛驴去县里开会。后来，她不仅入了党还担任妇救会的主任，成为了妇女里的佼佼者。受到县领导的接见后，她更是激动得不得了，从来没想过自己会有这么好的生活，在以后的日子里，她更是积极向上。"李建华说。

李秀莲由一个没有地位的童养媳成为名誉太行的纺织英雄，从她的故事中我们看到了农村妇女的变化。

第三节 破除迷信 消除陋习

几千年的封建社会中，由于科学技术的不发达，迷信思想及其盛行，给社会进步造成了严重的影响。

全民族抗日战争开始时，太行区的民众迷信思想仍然很严重，尤其在黎城地区，存在着很多迷信组织。据统计，全县迷信组织多达 40 种，如离卦道、长毛道、孔子道、还香道等，拥有信徒13500 多人。群众认为每天拜神，便会消除灾难，他们不相信军队的力量，这在无形中降低了群众的对敌斗争情绪，同时每天念经烧香也剥夺了民兵的训练时间。① 更为严重的是这些组织被一些"别有用心"的人如特务、汉奸等操控利用，他们挑拨军民、军政关系，散布抗日失败情绪，大大削弱了民众的抗日斗志。1939 年，离卦道被汉奸、国民党反动人物崔琦、常宝琦等人操纵，他们用"入

---

① 黎城县档案馆馆藏资料：《黎城县政府关于抗日民兵武装填发土地证工作总结通知表报》，档案号 54—7。

道可躲难避劫、日军来了不烧不杀"等欺骗性话语引诱村民参加。到 1941 年,该道发展道徒 3321 人,遍及 4 个区 120 多个村。[1]1941 年 10 月,在暴徒的策划下发动暴乱,攻打区公所与公安局,杀害干部群众与我军战士。以上种种,无一不说明迷信思想的危害性。1940 年入党的霞庄村民王振西也被引诱参加,事后投井自杀。

事件平息后,黎城县委与县政府对不同的参与者给予不同的处理办法,一些不知情上当受骗的贫农只需要坦白交代就不予惩罚,首领常宝琦等人则判处死刑。这种处理方式使很多群众觉醒,而后又加大宣传力度,对一些巫神巫婆当面揭露其欺骗手段。结果不仅很多道徒登记退道,一些迷信风气也逐渐消失。

与迷信思想相伴随的则是一些如赌博、吸毒等陋习。

黎城县居民赌博之风沿袭已久,有摸纸牌、打麻将、掷骰子、猜宝等多种,赌徒们常趁春节农闲、逛庙会之时聚众赌博,夜以继日,不肯罢休,严重地影响了生产劳动与家庭和睦,有的甚至负债累累倾家荡产。霞庄在当时赌博风气很是严重:"当时霞庄赌博的风气很大,我丈夫的老爷爷,家里很有钱的,但是喜欢赌钱,他骑着毛驴驮着钱袋去霞庄赌,最后败尽家产,由一个地主沦为贫农了。"[2]"当时全村就我爷爷(李有存)有一副麻将叫作骨牌,好多人来我家围着圈玩。"[3] 其次便是吸毒,早在清朝末年,县里

---

① 中共黎城县委党史研究室:《中国共产党黎城县简史(1937—1949)》,北京:新华出版社,1991 年,第 108 页。
② 访谈对象:冯艳波,46 岁,停河铺乡村民。访谈时间:2019 年 5 月 13 日。访谈地点:村中。
③ 访谈对象:李建华,45 岁,李有存孙子,现为霞庄村长。访谈时间:2019 年 5 月 13 日。访谈地点:村中。

一些官绅富豪和部分无业民众便开始吸食鸦片，吸食者面黄肌瘦，精神萎靡，不事生产，严重者倾家荡产卖妻卖女。抗战开始后，日军在长治地区大量倾销鸦片，还在部分村庄种植罂粟，公开设置烟馆毒化民众，长治城内 40% 的人染上毒瘾。[①] 霞庄亦有部分吸食者，李有存便是其中一员。

霞庄党支部成立后认识到这些问题的严重性，便开始做思想工作，首先说服李有存。在党领导的教育下，李有存将麻将上交，带头停止赌博，并开始戒毒。其次是编排一些戏剧在村中上演，起到宣传作用，也丰富了大家的娱乐活动。最后组织全村青年男女进行大生产，群众思想发生了变化且忙于生产劳动，慢慢地这些陋习便消除了。

---

① 长治市委党史研究室：《侵华日军在长治的暴行》，内部资料，1995 年，第 11 页。

第六章

霞庄八年损失统计

第六章 霞庄八年损失统计

表6.1 日军对黎城的占据与"扫荡"概况表

名称	时间	时长	事件
第一次占据	1938.2.16—1938.4.27	90多天	日军发动九路围攻，2月17日，日军占领黎城。3.16—31日，一二九师发动神头岭伏击战与响堂铺战役。4.27日，一二九师取得反九路围攻胜利，收复黎城
第二次占据	1939.8.7—12.25	150多天	日军发动第二次九路围攻，也称"六路围攻"。8月7日，日军占领黎城。12月25日，军民联手攻克日军据点，黎城全县光复，成为太行山抗日根据地内的完整县之一
"扫荡"	1940.11	不详	日军进犯黎城，从南到北，"扫荡"全县，损失惨重
"扫荡"	1941.10.31—11.21	40天	日军7000人进犯黎城，在此期间，有著名的黄崖洞保卫战。11月21日，八路军三八五旅七七二团收复黎城县城
"扫荡"	1942.2.3—2.18	15天	日军进行春季大"扫荡"，制造了源泉、五十亩、南港沟惨案。在八路军、独立营、民兵的打击下，日军于18日退回长治
"扫荡"	1942.5.21—6.10	20天	日军发动夏季大"扫荡"（五月"扫荡"），全县59个村480名民兵配合作战96次

续表

名称	时间	时长	事件
"扫荡"	1942.10	不详	日军进行秋季大"扫荡"
"扫荡"	1943.5.6—5.22	15 天	日军分19股力量对黎城进行"清剿",是一次毁灭性的大"扫荡",也是最后一次大"扫荡"

资料来源

太行革命根据地史总编委会：《太行革命根据地史稿》，太原：山西人民出版社，1987 年；

中共黎城县委党史研究室：《中国共产党黎城县简史（1937—1949）》，北京：新华出版社，1991 年。

上表可知，黎城县在全民族抗日战争开始后并没有被日军完全占领。1939 年"六路围攻"胜利后，黎城县便成为抗日根据地中的完整县，之后其一直是太行根据地的重要组成部分，驻扎着八路军总部、129 师师部等机构。与其他沦陷区相比，日军对其的侵略是不连续的，所以霞庄村民才能在战乱之中除保证自我生存外，还提供粮食与钱款支援抗战。然而，就是这样一个没有完全沦陷的村庄，八年间，仍然损失了大量人力、物力、财力。

表6.2　八年抗战期间霞庄部分村民损失统计表

姓名	类型								总计估价（元）
	民力浪费（天）	估价（元）	粮食损失（斗）	估价（元）	房屋损失（间）	估价（元）	农具（件）	估价（元）	
李建勋	610	12200	550	29750	27	99000	100	20000	160950

续表

姓名	类型								总计估价（元）
	民力浪费（天）	估价（元）	粮食损失（斗）	估价（元）	房屋损失（间）	估价（元）	农具（件）	估价（元）	
王怀仁	610	12200	204	24600	8	18500	5	1500	56800
李遇方	610	12200	260	14800			30	8000	35000
王　铭	300	6000	400	25100					31100
王连堂	610	12200	120	8800	16	32000	10	5000	58000
李有存	610	12200	40	2000	3	6000			20200
王逢奇	610	12200	70	2900			8	2000	17100
李叔敖	920	18600	100	5450	10	30000	50	1000	55050
王福贤	610	12200	76	10900					23100

表6.3　八年抗战期间霞庄损失统计表

民力浪费	估价（元）	粮食损失（斗）	估价（元）	房屋损失（间）	估价（元）	农具损失（件）	估价（元）	牲口损失（头）	估价（元）
105676.5	2113530	12378	1390483	555	1449300	1221	397800	69	1170500

表6.2、表6.3资料来源 黎城县档案馆馆藏档案：《黎城霞庄村八年抗日战争损失表》，档案号：54-50。

注：表中估价币种不明；粮食损失里包括谷子、玉米、杂粮等。

表6.4　八年抗战期间黎城县居民财产损失统计表

民力浪费（个）	总价（元）	土地损失（亩）	总价（元）	房屋损失（间）	总价（元）	粮食损失（石）	总价（元）	农具损失（件）	总价（元）
155670849	3113416980	16265.1	32530200	55706	445648000	587606	585936480	389775	194887500

资料来源　中共山西省委党史办公室：《抗日战争时期山西人口伤亡和财产损失课题调研成果 长治卷》，太原：山西人民出版社，2010年。

注：表中总价钱币为冀南钞票。

以上三表（表6.2、表6.3、表6.4）分别为霞庄村民、霞庄全村、黎城县八年的损失，损失类型众多，笔者只列出其中部分数据。从每一个村民到整个村庄再到整个黎城县，无不受到战争的危害。日军所到之处皆实施"杀光、抢光、烧光"政策，农具、粮食这些看得见的东西都被抢走，房屋则被烧毁，土地除了被毁坏还有部分则是无人耕种导致荒废，对于民力除了战斗到来时要转移物资、空室清野外，还有的被抓去强迫帮日军修碉堡、修路。如果没有战争，他们可能在辛苦劳作一天后一家人吃着饭聊着天，惬意地享受着美好的时光，而如今，村中的青年要在战场和敌人正面拼杀，一些老人妇女儿童面对日军的不定时"扫荡"还要随时准备逃命。

生活朝不保夕、田园荒废、耕地荒芜，还要付出生命的代价。抗战八年，黎城全县人口伤亡总数为6607人，其中包括死亡、失踪、被俘等几种类型。[①]霞庄亦有人员伤亡，1938年2月17日，

---

① 中共山西省委党史办公室：《抗日战争时期山西人口伤亡和财产损失课题调研成果 长治卷》，太原：山西人民出版社，2010年，第158页。

日军第一次占据黎城时，侵入霞庄，枪杀了王丙书、王崇德，同日上午在土地脑公路上，将逃难的王春和及其妻子、儿子三人炸死，共死亡 5 人；1939 年 12 月 23 日，日军第二次占据黎城后，遭到军民的联合反击，在败退途中，停河铺的驻敌经过霞庄时，杀死村民王巴孩；1940 年日军大扫荡，残杀了村民王福水、王德业、王逢玉、王喜德老婆等；1943 年 5 月最后一次"扫荡"时，杀害村民王丕烈、王金文、王补堂、范黑汉、杨令珠、王其琳 6 人。这些手无寸铁的村民就这样被日军残害。"当时日军来了我们村，询问八路军后方医院在哪儿，村民不说，来到我家逼问，我们全家 13 口人，日军杀了 9 个。"时隔 80 多年，90 多岁的水峧村王大爷和我们讲述这件事时仍然满眼泪水，这种切身经历死亡、眼睁睁看着自己亲人被日军残害的伤痛与无奈会永远刻在心中，村民心灵与精神上的创伤是无法用钱来估算的。表格不仅记录着日军的侵略暴行，更重要的是它时刻提醒我们要牢记历史、不忘国耻。

附　录

一、在霞庄流传的一些故事

1. 狗看告示，奇闻传今

霞庄读书人比较多，所以不论大小事，都喜欢张贴告示，就连小孩夜里哭也要贴上一张"天皇皇、地皇皇，我家有个夜哭郎，路人君子念一遍，保我小儿得安康"。学校教师讲错一个字，有群众听到后，也要贴告示。清嘉庆年间，首户王思元家的公子写好告示，交给长工去张贴。长工手拿糨糊出街去贴告示，家里的狗也跟着去了，长工贴告示，狗在旁边看长工贴，恰遇路人经过，误以为狗在看告示。奇闻一时传出去，大家都说霞庄不仅人的文化程度高，就连狗也识字，还能看懂告示。

2. 牧羊人授课，震惊乡绅

光绪末年廪生王培，到潞城县潞河村放牧，身着牧羊人的衣服，带着四书五经，羊儿在山上吃草时，他便开始读起书来。他经常与霞庄教员王岐探讨学习、教育等情况。乡绅知道此事后，认为王岐经常与牧羊人混在一起，不务正业。一天，乡绅们来到学校，恰巧遇到王岐与牧羊人在聊天，很是不满。王岐看懂了乡绅们的所想，便假称身体不适，让王培代为授课，王培并不推辞，把牧羊鞭放在桌旁，展卷开讲、拆字解意、深入浅出。在场的乡绅听后无不惊讶，便问："先生贵府何处？"答曰："霞庄牧羊人王培。"乡绅们面面相觑，便说："霞庄文风村果然名不虚传，牧羊人亦如此精通经书，果真染缸里无白布呀。"

3.受禄道台，拜谢恩师

嘉庆年间，太学生王景方在霞庄村内办书院，名扬全县，书院地址在王福魁院内。南委泉王发越，幼年天资聪明，但因家贫无钱上学。王景方的父亲王云当年是霞庄的东头财主，为霞庄首富，在南委泉开有商号。王云看中王发越是个人才，便将他送到学校读书，一切费用皆由王家负担。后王发越考取进士，由知县授禄至贵州兵备道。授禄后，王发越返乡拜谒师长，驾到园池坡，下轿入村，徒步向老师家行进。爆竹响起，锣鼓齐鸣，热闹非凡。王景方老先生出门迎接，下跪称："拜见四品道台大人。"王发越急忙回礼下跪："拜见一品老师。"又补充道："无一品老师，何来四品道台？"

4.耕牛咬坏庄稼，举人照常领罚

举人王铣于光绪七年，辞禄回乡，经营家私，以农为业，养有几头耕牛。光绪九年，夏后，长工吃完午饭便将耕牛拴在茔地放青。耕牛挣脱绳索，跑到停河铺地里吃了庄稼，停河铺人将耕牛牵往大庙，敲钟罚款。举人闻声后，和长工到茔地一看耕牛不在，便直奔大庙。停河铺人说："耕牛咬坏庄稼，按条规要罚。"举人说："损坏庄稼按章罚款合理。"于是便按规定交了罚款。

5. 跑马地大比武

为了检验和提高部队的军事训练素质和杀敌本领，1938 年秋收前，129 师在霞庄村南跑马地举行了十多天的比武大会，参加比武的有 129 师所属旅团，以及随营学校的学生连队。比武内容有：单杠、双杠、平台、木马、越障碍、过天桥、投弹、选手对刺、打背包比速度，以及连队表演队列和集体刺杀等军事项目。另外还设有举石礅、舞大刀等军事项目。最引人注目的是骑兵表演的马术，骑兵以班为单位表演队列、卧、跑和跑马刀劈树桩等项目。

跑马地占地有 30 多亩，在跑马地的北面搭有观摩台，台上横幅写着"一二九师比武大会"。刘伯承师长、邓小平政委等出席了开幕式。

比武大会吸引了周围村庄的群众前来观看，比武场四周人山人海。比武让群众看到了八路军是威武之师，是纪律严明和训练有素的文明之师。部队白天比武，晚上由火星剧团和开路先锋剧团轮流演出，演出节目有《大战平型关》《神头岭、响堂铺伏击战》等。著名演员赵子岳曾登台演出，受到群众的热烈欢迎。

跑马地是村中青年为了戍边、护庄、健身、习武的地方，建于明熹宗天启年间，村里除在馆内教习基本功法和暇隙随时坚持演练外，每到冬季农闲时，便在此横刀策马，驰骋对杀，张弓搭箭射靶演练。这里既是演练场，也是每年的武科考场，在此地曾选出清代后期武举人王玟。

6. 朱德总司令，背锅进霞庄

朱德总司令进驻霞庄时，是背着军锅和炊事班一起随部队进村的。当村内老百姓听说八路军总部要进驻霞庄，从长池坡到大街上，街道两侧都站满了欢迎的人群，都想看看大首长的风采。大部队来了，紧跟着的是骑着高头大马的骑兵队，马队过后，人们并未发现有人是首长装束的样子。当背着军锅的人跨进王魁业家大门之后，其前后门及院周围站上岗哨，不准生人进入。人们判断这个背锅的军人，一定是个了不起的人。后来通过了解才得知背锅的人就是朱德总司令。

7. 何长工校长在村南林下授课

抗日军政大学一分校于 1939 年 3 月进驻霞庄，校部和校长何长工住所分别在李坤亨家前后院。第一期开学学员有 3000 多人，共九个营三个支队。开学典礼在霞庄五龙庙戏台下举行，朱总司令出席了第一期开学典礼并致辞。各学生连队，除在霞庄驻扎外，四邻村庄皆有驻扎。

何长工和周恩来、邓小平等同时留法，他学识渊博，平易近人，平时走起路来有点瘸，朱德与彭德怀首长便唤他瘸子，在这里"瘸子"一词并不是贬义词，也没有不尊重的意思。当年何校长在井冈山任军长的时候受伤了，组织上决定让他去上海治伤。何校长便扮成阔商老板，组织上还派了一位女同志装作他的姨太太陪同。后来他的身份被敌人识破，在跳楼逃跑时右腿拉伤，此后走路便一瘸一拐的，而那位陪同他的女同志后来成为了他的妻子。

尽管何校长行动不便，但他从不缺席授课。课堂就在村南长池坡下的树林里。霞庄及周边村庄里的进步青年，有时也去听他讲课。他还到靳家街村北的新寺庙内多次为集训的全县小学教师、党政干部作形势报告。

　　8.北方高干会议开在霞庄

　　1940年春天，中共中央北方局为总结抗日反顽斗争的经验教训，制定今后巩固和建设根据地的方针，统一根据地的政权、政策和政令，决定在晋冀豫省委驻地霞庄召开北方高级干部会议，会址选在村东南的五龙庙。

　　五龙庙南临高崖，东阻河沟，西接大路，北通村庄。大庙远离农户，周围地形险峻，清静幽雅。庙前有开阔地，不但可以停留马车和集结部队，还可以保证庙院内的事务不受干扰。庙外长有许多高大的古槐和古杨，林荫蔽天。大庙四周特殊的地理环境，便于警卫和保密。在抗战进入严峻的阶段，决定在五龙庙召开党的高级干部会议，首长们是经过周密考虑和慎重选择的。

　　大会于4月12日至26日召开，设有会务处、保卫处、供应处、医务室等机构。会务处的主要工作地点设在西黄须村（是当时县政府的驻地）。为保密和安全起见，参会人员先到西黄须村的会务处报到，再到霞庄五龙庙开会。

大会的保卫处、供应处、医务室都设在霞庄。保卫工作主要由省委警卫连负责，大庙周围戒备森严，设有明岗暗哨，无关人员都不准接近。此外还设有防空哨，时刻防备敌人飞机空袭。由于日伪军在潞城神头岭有据点，距离霞庄不过30华里的路程，所以在村外，驻有陈赓386旅的主力部队，严阵以待，以防敌人的偷袭。供应处负责参会人员的吃、住及各种生活服务，由省委供给科长徐步龙负责，他住在王兆瑞院。医务处负责首长和参会人员的医疗事宜，由省委卫生部门负责，地点设在王树德家，平时为群众和驻村机关干部及学校学员看病，会议期间为大会人员服务。医务主任叫李桂秀，山西昔阳人，1947年随九纵队南下。还有一位医生叫田云，是河南沁阳县西万村人，中华人民共和国成立后曾任山西省防疫站站长和轻工厅副厅长等。

为活跃大会和当地军民的文化生活，每天晚上，省委先锋剧团和驻地的文艺工作者，都要在大庙对面的戏台上表演。演出内容有唱歌、跳舞、秧歌、话剧、戏曲等。每晚来看演出的人川流不息、人山人海，将戏台围得水泄不通。团长赵子岳演艺精湛，每逢他登台演出，常常会博得阵阵喝彩声。

会议根据中共中央2月1日发出的《关于目前时局和党的任务的决议》和中央军委《关于目前形势和任务的指示》精神，总结了华北地区的工作，提出了今后的任务。会议由北方局书记杨尚昆主持。

刘伯承师长在会上作了《党军建设问题》的报告，提出了军队建设和军区、军分区建设的指导方针。太行军政委员会书记邓小平在会上就成立冀南、太行、太岳行政联合办事处（简称冀太联办）和财经问题、建军问题做了汇报。朱德总司令在会上就如何进一步贯彻执行民族统一战线做了重要讲话。

此次会议还决定统一根据地的货币，以冀南银行票为晋冀鲁豫辖区的通用币，原三专署的上党银行票和五专署的流通券统一回收，停止使用。

参加会议的有朱德、彭德怀、杨尚昆、刘伯承、邓小平、聂荣臻、左权、薄一波、杨秀峰、陈赓、李雪峰、王树声、宋任穷、徐子荣等党政军首长。此次大会对华北乃至全国以后的抗日工作产生了重要的影响。

根据晋冀豫省委决定，4月中旬，还在霞庄召开了晋冀豫区第二次组织联席会议。出席组联会的有各地委及部分县的负责人，涉县县长郑晶华、武安县县长贾云标、黎城县县长马坚之等列席会议。组联会的同志列席高干会听报告，会议讨论了党的整顿问题。会议结束后，从5月份开始，全区第一次整党普遍展开。

由于共产党的党政军首脑机关长期在霞庄驻扎，霞庄事实上已成为晋冀豫区抗日根据地的首府，日本侵略者对此恨之入骨。在敌人的大"扫荡"中，曾将霞庄作为重点，尤其是对共产党的党政军领导住过的房屋，几乎是烧得一间不留。召开过高干会的五龙大庙，大火烧了两天两夜，高干会议会址成为一片废墟。

二、《人民日报》报道《霞庄的小型纺织厂》(1946.9.26 第二版)

霞庄的小型纺织工厂

霞庄是黎城一区的一个小村落，有二百多家人家，是全县纺织发展最好的一个村，四三年黎城纺织还未开展，政府正在提倡妇女纺织为自给衣布而斗争的时候，霞庄第一个纺织小组便在李秀莲积极领导下出现了，它的出现可以说打破了黎城妇女不会纺织的古老守旧思想。

当这个纺织小组产生以后，政府爱惜他（它）的新生，便大量的贷给棉花资金，使这个纺织组渐渐发展扩大起来，第一年扩展到五个纺花组，参加妇女有六十七人，到去年春天便发展到二十五个纺织组，全村里没有一个妇女不在纺织组里了。

霞庄的纺织不仅得到了大量发展，而且也提高了技术，有不少妇女在为"好布而努力"的口号下，受到了政府的奖励与表扬，他（她）们展开组与组的竞赛，人与人的挑战，直到去年冬天，新生的英雄涌现了，列入"好布"之列的妇女占全村妇女总数百分之七十五，去年黎城开劳英大会，霞庄的纺织受到了奖励，李秀莲被选为全县纺织英雄头一名。

今年入春以来，霞庄的纺织由于技术的提高，布产量的特增，这旧有的纺织组已不能满足她们的要求，又因为政府号召"耕三余一"，要超过以往任何一年的大生产运动，妇女们急切地需要一个增多产量的办法，她们向政府提出了这个意见。

阴历四月初，霞庄村召开了家长、村政府、合作社、妇女的联席大会，经七天的讨论，他们找到了新的发财门路——霞庄的小型纺织工厂便成立起来了。

工厂设在霞庄村的大庙里，有铁机、有木机、纺车、拐线车、打袜机……早饭后妇女们就从村里各个角落走来，一天约八时半的工作，有孩子的、做饭的妇女们要比一般妇女少两个钟头。三十多个妇女，一天要出产三十条毛巾，二十双袜子，花面被单十七丈（尺四面），布二丈八尺。

这些成品她们交给了合作社，又从合作社拿回来原料，棉花和线，合作社经理老王摸着胡子笑咪咪的（眯眯地）说："俺村纺织是由合作社放货款，购棉花帮助起来，哈哈！现今我这合作社成了妇女工厂的买主和顾客了。"的确是这样，合作社专门买了几匹骡子给霞庄妇女们购棉花运销布。

随着纺织的发展，合作社也跟着繁荣起来，老经理得意的（地）说："初成立纺织厂时，让合作社来帮助，那时合作社干部都讨厌，布不好，卖不了，一天价发愁。现在毛软软的手巾，白展展的布可好出手，牲口从邯郸长治跑一趟，单分纺织的运输利，每尺布抽市价百分之五，本社资金现在有了……"老头子翘起左拇指比划（画）了一下很有力的（地）说："一百万元！"

生活在小型工厂里的妇女们，她们过着有组织的集体生活。李秀莲是她们的生活队长，她们的组织机构是工厂管理委员会。这个委员会由六人组成，两个家长、两个村政人员、两个妇女，而且是经过民主方式选出来的。他（她）们在指导和计划着这个工厂的一切，大家也都十分遵守着管理委员会的规则与章程。逢单日有二点钟的学习，主要识字、写仿，现在一般的能识一百多字，有的妇女能识到三百个字，有时进行时事教育思想检讨。最近她们也能展开自我批评与互相批评，态度友爱，都非常真诚，很使人感动。

李秀莲告我说："这个小型工厂成立，是公私都有利，本事学下啦，个人思想也锻炼好啦，字也认的啦，国家大事也知道啦，同时大家所赚的钱也照顾了个人家里生活啦。"

这个小型工厂不同一般区联社县联社开的小型训练工厂，因为第一是妇女们不脱离家庭生活，第二计工是按尺数打分（每织一尺布打一分），早到迟到没关系，第三同样使妇女学到了技术，而且学的样数也多，织布、织手巾，打袜子都学。

妇女们为了自己有各方面的技术，从她们纺织的红利中抽出百分之四十五聘请了一位技师，让这个技师来教导她们，两个半月的时间已经有九个妇女学成了全把式。现在尚未学会的只是打袜，因机器坏了，马上还不能完全修好。

为了交流经验，在开劳英会前，她们总结了这个小型纺织工厂在二月半的时间里所有的一切。在红利方面，由于妇女们初学，得利较少，比在纺织组的织布纺花一月少得五十元。但她们并不因利小而气馁。李秀莲十分自信的告我说："只要我们再学他（它）一个月，你看！保管要比在纺花组里强"。

我问她为什么就能比纺织组强，她毫不迟疑的（地）说："现在学会全把式的妇女所得的利已经超过了原在纺织组里的三十块，因为工厂里是按尺打分分利。"

这次全区劳英大会上,她又被选为全区的纺织英雄特等第一名,据她说,现在全村共有纺妇一百四十五名,织妇七十五名,纺车一百四十四架,织布机四十架,从阴历去年十一月初到今年七月共六个月已织布一万三千九百尺。预计八、九、十三个月还能织三千二百尺,共十一个月织布一万七千一百尺,除全村需用外,尚可卖出六千七百尺。这样生产的结果,已给实现"耕三余一"打下了有力的基础。

三、霞庄现存不可移动文物

1.霞庄王氏祠堂

霞庄王氏祠堂位于黎城县停河铺乡霞庄村村中,坐北朝南,一进院落布局,东西 7.5 米、南北 20 米,占地面积 150 平方米。正堂墀头题有"咸丰戊午"字样,祠堂碑文记载清光绪二十六年(1900)修造,现存山门和正堂为清代遗构。正堂建于石砌台基之上,面宽三间,进深六椽,单檐硬山顶,筒板瓦屋面;梁架结构为七檩前廊式,前檐下设有斗栱 7 攒,柱头科 4 攒,平身科 3 攒,均为异形栱;堂内墙壁设有族谱,檐柱上挂有对联,题"子孝孙贤十七世簪缨似续,祖德宗功四百年芥豆馨香"。该祠堂为研究当地传统祠堂建筑提供了实物资料。

2.霞庄春秋阁

霞庄春秋阁位于黎城县停河铺乡霞庄村村北,坐北朝南,东西 5.2 米、南北 4.8 米,占地面积 24.96 平方米。据庙内碑文载清道光八年（1828）建造，现存建筑为清代遗构。此阁分两部分组成，下层石砌基座，中设拱券过道，上建春秋殿。春秋殿面宽三间，进深五椽，单檐硬山顶，板瓦屋面；梁架结构为六檩前廊式，前檐下设有斗栱5攒，柱头科4攒，平身科1攒设于明间，均为一斗二升；墙体青砖砌筑，原置隔扇门窗缺失。此阁为研究当地清代寺庙及村落建筑布局提供了实物资料。

3. 仁勇大帝庙

仁勇大帝庙位于黎城县停河铺乡霞庄村村北，坐北朝南，一进院落布局，东西12.7米、南北34.8米，占地面积441.96平方米。据庙内碑文载清嘉庆五年（1800）建造，道光八年（1828）、宣统三年（1911）均有修葺，现存建筑为清代遗构。中轴线上建有香亭、正殿，院外南侧建有倒座戏台。正殿建于石砌台基之上，面宽三间，进深五椽，单檐硬山顶，筒板瓦屋面；梁架结构为六檩前廊式，前檐下设有斗栱7攒，柱头科4攒，平身科3攒，均为一斗二升；额枋下设有雀替，雕有盘龙、牡丹图案，雕刻精美；墙体青砖砌筑，原置隔扇门窗缺失。该庙为研究当地清代寺庙建筑提供了实物资料。

4、晋冀豫区委旧址

晋冀豫区委旧址位于黎城县停河铺乡霞庄村村中。1940年2月为筹备北方局高级干部会议，晋冀豫区党委进驻霞庄，机关设在李坤家中。4月北方高干会议期间，区党委书记李雪峰、组织部长徐小荣、宣传部长彭涛等领导在此召开第二次组联会，贯彻高干会关于晋冀豫区党建工作决议。会后开展了全区第一次整党工作。该旧址坐北朝南，一进院落。东西 14.8 米、南北 18.7 米，占地面积 276.76 平方米。现存有大门，正房五间，东西房各三间（西房为新建）。该旧址为研究抗战时期根据地党史具有重要意义。

5. 李氏祠堂

霞庄李氏祠堂位于黎城县停河铺乡霞庄村村北，坐北朝南，东西 15 米、南北 18 米，占地面积 270 平方米。据堂内碑文载中华民国四年（1915）建造。一进院落布局，建有山门和正堂，院外设有照壁两方。正堂建于石砌台基之上，面宽三间，进深五椽，单檐硬山顶。梁架结构为六檩前廊式，前檐下设有斗栱 7 攒，柱头科 4 攒，平身科 3 攒，均为三踩。墙体青砖砌筑，内置隔扇门窗。堂内设有李氏族谱，保存较好。该祠堂为研究当地祠堂建筑提供了实物资料。

6. 霞庄 28 号民居

霞庄 28 号民居位于黎城县停河铺乡霞庄村村中，坐北朝南，一进院落，东西 17.8 米、南北 14.8 米，占地面积 263.44 平方米。现存建筑为民国遗构。中轴线上建有大门、正房（新建），两侧为东、西厢房，院门外有照壁 1 方。正房为原基址新建，东西厢房各三间，进深五椽，前设廊，单檐硬山顶，板瓦屋面，拱券式门窗。照壁壁心为斜砌方砖，正中圆形雕饰角饰，雕刻精美。该民宅为研究当地传统民俗建筑提供了实物资料。

7. 八路军 129 师 386 旅旅部旧址

八路军 129 师 386 旅旅部旧址位于黎城县停河铺乡霞庄村村中。1940 年白晋战役之后，7 月初为粉碎日寇的"囚笼政策"，八路军总部部署百团大战。129 师按总部指示，集结主力团兵力参加。7 月 16 日根据师部命令，129 师 386 旅进驻黎城县霞庄村。旅部设在王大魁家，部队分驻附近村庄。8 月 8 日 386 旅参加百团大战第一阶段正太战役。该址坐北朝南，一进院落，东西 15.5 米、南北 17.3 米，占地面积 268.15 平方米。现存有大门，正房五间，西房和南房为新建，东房已毁（仅存基址）。该址是我八路军在黎城根据地坚持敌后抗战部署百团大战的历史资料，具有重要的代表性和历史意义。

8. 霞庄 57 号民居

霞庄 57 号民居位于黎城县停河铺乡霞庄村村中，坐北朝南，一进院落布局，东西 13.5 米、南北 21 米，占地面积 283.5 平方米。建造年代不详，大门匾额有"清乾隆三十五年（1770）"题记，现存建筑为清代遗构。中轴线上建有大门、正房，两侧建筑无存。正房面宽七间，进深五椽，单檐悬山顶，板瓦屋面；梁架结构为六檩前廊式，前檐下设有斗栱 7 攒，柱头科 4 攒，平身科 3 攒，均为一斗二升；墙体青砖砌筑，内设隔扇门窗，雕刻精美。该民居为研究当地传统民俗建筑提供了实物资料。

9. 霞庄观音堂遗址

霞庄观音堂遗址位于黎城县停河铺乡霞庄村村南，坐南朝北，一进院落布局，东西 7.6 米、南北 6.2 米，分布面积 47.12 平方米。现仅存正殿基址，部分柱础、石质构件及重修碑 1 通，碑为青石质，圆首，碑高 0.9 米，宽 0.48 米，碑文楷体，额题"重修观音堂碑记"，记载了明崇祯年间创建观音堂，清顺治十七年（1660）重修观音堂的经过。现存建筑为原基址新建。该址为研究当地明清寺庙遗址提供了实物资料。

10. 霞庄桥

霞庄桥位于黎城县停河铺乡霞庄村村南。该桥为石砌单孔拱券桥，南北走向，长 6.6 米，宽 5.6 米，净跨 1.8 米，占地面积 36.96 平方米。建造年代不详，据碑文载：清道光二年（1822）重修，现存为清代遗构。桥面水泥铺设，栏杆、栏板、望柱缺失，霞庄桥为一座溢水桥，桥东侧连圆形水池，南为排水沟。该桥为研究地方桥梁建筑提供了实物资料。

11. 霞庄文昌阁

霞庄文昌阁位于黎城县停河铺乡霞庄村村南，坐南朝北，东西 5.7 米、南北 4.9 米，占地面积 27.93 平方米。建造年代不详，现存建筑为清代遗构。此阁分两部分组成，下层为石砌基座，中设石砌拱券过道，上建文昌殿。文昌殿面宽三间，进深五椽，单檐硬山顶，板瓦屋面；梁架结构为六檩前廊式，前檐下设有斗栱 5 攒，柱头科 4 攒，平身科 1 攒设于明间，均为一斗二升；墙体青砖砌筑，内置隔扇门窗，西山墙存有壁画约 4 平方米。此阁为研究当地清代寺庙及传统村落建筑布局提供了实物资料。

12. 八路军 129 师师部霞庄旧址

八路军 129 师师部霞庄旧址位于黎城县停河铺乡霞庄村村西。1938 年初为落实毛泽东关于开辟以太行山为依托的晋冀豫抗日根据地的指示，129 师将主力分散为小型游击连队，秋后组建地方抗日队伍，扩大抗日力量，开展大规模游击战，开辟了游击区，先后粉碎了日军六路围攻，取得了胜利和宝贵经验。1938 年 129 师师部进驻黎城霞庄村，师部设在王嵘家。在此刘伯承师长部署了两次大的战斗，分别是神头岭伏击战和东阳关伏击战。1938 年晋冀豫军区成立，标志着晋冀豫根据地的建立。现仅存正房基址，南北厢房，大门。该址坐西朝东，一进院落，东西 10.6 米、南北 14.9 米，占地面积 157.94 平方米。1938 年 5 月 129 师师部进驻霞庄后，刘伯承、邓小平、李达在此居住。该址为抗战初期八路军的重要旧址，具有重要的历史价值。

13. 八路军 129 师地方工作团团部旧址

八路军 129 师地方工作团团部旧址位于黎城县停河铺乡霞庄村村西。1937 年侵华战争全面爆发，国共抗日统一战线形成。11 月上旬为开辟抗日根据地，由王谦、李太清率领的八路军 129 师地方工作团来到黎城霞庄。根据中共中央洛川会议精神和八路军总部指示，在此与牺盟会相互配合，建立了黎城县第一个中共党支部，并组织开展与旧政府和封建绅士等不抗日迎敌分子的斗争工作。该址为一进院落，坐西朝东，东西 12.1 米、南北 14.4 米，占地面积 174.24 平方米。现存有正房五间，东房三间，南北房各三间，大门一间。该址是我党我军抗战初期开辟抗日根据地的历史证明，具有一定的代表性，是研究八路军抗战史的重要资料。

14. 抗日军政大学总校旧址

抗日军政大学总校旧址位于黎城县停河铺乡霞庄村村西。1940 年抗日军政大学总校（对外称黄海部）进驻黎城县霞庄村，校址设在该村王玉德家。该校址主要对沦陷区及根据地大批爱国青年进行政治和军事培训，培育了大批军政干部。当时总校副校长罗瑞卿、政治主任张际春均住在此。该址为一进院落，坐北朝南，东西 12.5 米，南北 20.35 米，占地面积 254.37 平方米。现存有大门、南房、西楼。正房已毁，东房为新建。当时正房和西楼为教室，南房和东房为罗瑞卿和张际春的办公室。该总校于 11 月转移，它作为抗战期间一所特殊大学，为八路军培育了大批军政骨干，作出卓越贡献，具有重要的历史意义。

15. 八路军新华书店、开路先锋剧团旧址

八路军新华书店、开路先锋剧团旧址位于黎城县停河铺乡霞庄村。1939 年初八路军总部进驻黎城县霞庄村，1940 年，开办新华书店和开路先锋剧团，旧址设在村中一民房院内。书店负责人是黎城县南关人王昌玉，销售有翻译出版的马列等著作，还有根据地的各种学生课本。开路先锋剧团团长为赵子岳，经常在霞庄五龙庙戏台演出。该址坐北朝南，一进院落布局，东西 15 米、南北 17.8 米，占地面积 267 平方米。现存有大门、南房、正房。该址为研究当地八路军抗日战争史提供了实物资料。

16. 彭德怀路（旧）居

彭德怀路居位于黎城县停河铺乡霞庄村中。1940 年 2 月根据抗战形势的需要，为粉碎日军"囚笼政策"，八路军总部进驻霞庄村。至 4 月召开北方局高干会议期间，彭德怀副总司令、左权副参谋长住在霞庄村李坤豪家。该址坐北朝南，一进院落，东西 12.8 米、南北 27.1 米，占地面积 346.88 平方米。现存有大门，照壁 1 方，南房 2 间，西房 4 间。西房当时分别为彭德怀、左权办公室，南

房为警卫室。该址为研究八路军抗战史提供了实物资料。

17. 八路军总部霞庄旧址

八路军总部霞庄旧址位于黎城县停河铺乡霞庄村中。1939 年 11 月国民党制定了《处理异党问题实施方案》，蒋介石在全国发动了第一次反共高潮，将进攻主要矛头指向我党中央的陕甘宁边区和晋西南、晋东南我军。为部署我军对日军"囚笼政策"和国民党顽固派的"反顽、反摩擦"斗争，八路军总部（又称集总）于 1939 年 12 月进驻黎城县霞庄村。1940 年 4 月，八路军总部和中共北方局在黎城县北社、霞庄召开了高级干部会议（简称黎城会议），会议总结了抗日、反顽斗争经验教训，制定今后巩固和建设根据地的方针、政策，统一根据地政权、政策和法令。在此期间，八路军总部设在霞庄村王魁业家，朱德总司令住在这里。该址坐南朝北，一进院落，东南 7.2 米、南北 20 米，占地面积 144 平方米。现仅存正房、大门、南房。当时朱德住正房，南房为警卫室。1958 年军事博物馆征集革命文物时，朱德用过的一把椅子和一盏提灯被征集。该址为研究八路军抗战史提供了实物资料。

四、霞庄碑刻

重修观音堂碑记

清顺治十七年（1660），碑青石质，圆首，碑身两侧线刻卷云纹，碑高 97 厘米、宽 46 厘米，碑文楷书，共 18 行，行 36 字，王风厚撰文。

　　盖闻自古天生神圣，诸佛菩萨亦云多矣，有功于世者则敬礼焉，有裨于人者则敬礼焉，所以报其功德也。然人之惠吉逆凶，捷于影响，而神之福善祸淫，自是不爽。惟南海观世音菩萨，慈仁永存，拯三灾于苦海波中；悲悯时勤，救八难于沉沦世界。发源洪深，度尽众生，方正菩提。念彼观音，业障自脱，以故施大法于白莲台上，欲众迷而悉登觉路，现金身于紫竹林中。化群生而共证人天，观世缘音，寻声救苦。降魔驱邪，坐镇南海，其有裨于世教，宁浅鲜哉。我下庄村南有观音堂一座，其来旧矣，历年久远。于大明崇祯五、六、七、八载，流寇西起，杀□人民，群盗肆虐，扫荡中原。继而十一、二、三、四年间，屡遭荒旱，五谷不登，人皆相食，饿殍盈野，以致无人修理，神像废毁，见者兴嗟。有本村善男王应选、王明奇与生员王业三人，不避荒岁，各发虔心，原捐己资，多寡不同，量力喜舍，将正尊菩萨、十八罗汉、十二元觉、四门小像绘画金妆，焕然一新，乃三人无量功德也。又记庙北有池，古名曰大池，藏风聚气，牛羊群饮。池左有桥，作息途径，来往通衢，自兹桥梁断烂，竟成沟壑。池不停水，路阻行人，深可患哉。善男王清亮等，阖村共议，请匠揭石，内外石铺，以成不拔之基。其后，风雨摧折，殿宇敝坏，墙垣倾颓，王明奇妻王氏，刘来兴母王氏，稍募缘于众。而王应麒不惜己力，朝夕勤劳，纠工督众，协力同心，共成圣果，将殿宇揭盖，墙垣补筑，敝坏者不至于敝坏，倾颓者不至于倾颓，虽以安神灵也，实以壮风气矣！予少成俚言，勒石以志不朽云。

时大清顺治庚子年仲秋月朔日

邑庠生醇环王凤厚沐手撰

同弟王凤楫谨书

石匠 李正昌

圣旨碑

清乾隆十六年（1751）勒石，现存于霞庄王家祠堂内，高107厘米、宽57厘米。

奉天承运，皇帝制曰：任使需才称职，志在官之美，驰驱奏效，报功膺锡，类之仁尔。廪生王思智乃山西太原府太谷县训导王惟崧之父，雅尚素风，长迎善气，弓冶克勤于庭训，箕裘孔裕夫家声，兹以覃恩□赠尔为修职左郎，山西太原府太谷县训导，锡之敕命。于戏，肇显扬之盛事，国典非私；酬燕翼之深情，臣心弥励。

乾隆十六年十一月二十五日

皇清敕赠修识佐郎太原府太谷县训导显考达圣府君墓表

呜呼！惟我显考讳思智，字达圣，姓王氏。先世洪洞县人，自洪迁黎居苏村里之下庄，□祭官，生三子。次俞齐公讳昌言，为山东临邑教谕，与邢子原先生友善。生高祖廪生□公讳立家，幼育临邑署中，患痘危甚，诸药罔效矣。同寅某公乃恻然曰：王公暮年□能以一代之也。遂以此意，焚香吁天者久之。俄而其季子一叫而绝，而曾王父苏矣！□王氏之方兴未艾云。曾王父生五子，长即王□，邑庠生。绳武公讳业，生子三。先君其次，七岁丁先□母张孺人艰，方成□□，王□构难患疾，供饮食，奉汤药，扶持搔抑，皆身亲□，博□□心。□明年科试，旋即食饩，辛酉甲子两赴秋闱不遇。年仅四十，赍志以卒也，葬于下坪头祖茔之侧。时崧年十三，未能读礼，隧道志石不具。迨雍正十二年治先七年，若执祔葬之礼，恐圹中之动□滋戾，致先君之体魄不安，乃彷子朱子葬韦齐先村北华盖山之阳，又未尝启先君之圹而补置遂石，以志遗烈。荏苒至于今，□御□之十有六年，十一月二十五日，恭遇皇后六十万寿，奉覃恩貤赠先君为修职佐郎太原府太谷县训导，先妣为八品孺人。龙章龙锡，诰□□仁。是更不可失坠泯灭而无以昭示后昆者。于是伐石树碑，敬刊敕命□□方，□其下方则略志先君之行实梗概焉。先君□性孝友，事继母，独能寻其欢心，少长高下，酬接以谦和平恕。一日往于田，见有窃禾田中者所识也，卒发之恐其人，盖他人于陇头号之曰："田主来也，田主来也。"窃者惊顾而去，先君不复追，亦终未以其□。先君殁后二十余年，崧偶晤一邻村父老宇姓者，自言昔正亲见其事，为崧备道始末。德积于冥冥之中，出入见闻之外者，谅亦甚多，惜乎崧幼而孤，不克通知其详耳。然而不能容确实有据，亦可以想象先君生前之气象度量而传之不朽矣！则其他之传闻，缘饰附会，以污先人者，耸人听闻，抑亦有所不必矣。先君配吾母刘孺人，岁贡生，太谷县训导。次惟庆，早逝。三惟渊，岁贡生。□孙五，以邻增生，以邠廪生，以岐、以程庠生，以丰业儒。元孙三，应奎，俱选儒□。□午十四日，男修职佐郎太原府太谷县训导惟崧表。

重修池桥碑记

清道光二年（1822）勒石，霞庄村为重修池桥立。高146厘米、宽53厘米。

村之西南旧有石桥，通往来行人，一村之要路也。桥之左右俱□以池，西池洼下而旷且长，东池盈则从桥中空流而入□□□

马，桥之南有观音殿，前辈父老重加修葺，纪于碑碣特祥，继又见东池坍塌，未能永久，我族祖从龙大人，与我族叔父文庵大人谋□□之池……以高东南俱用石装，工费事繁，村力几于不支。然犹未计及于桥之修也。厥后，桥石日裂，水之流其下者，俱从石□□□□而出，如□□□□秋夏，督工于此时，我胞伯东汉大人，族叔克嗣大人，肩任其事，拆旧补新，竭力营办，水潦未降，而工已竣矣！当春夏之交，细叶接天，繁枝复地，里人憩息于此，风飒飒至，鸟哑哑鸣，人谓，绿云影泻中流，忆陶靖节一枕。皇其□□□□□□，又闻先民传言：池取泮水之形，大利益于村曲，此虽堪舆家之言，然细观其形势亦良不诬。从此磐石永赖，基址维新，桥成而池固，池固而桥益固，后之人奋发有为，克继前修，谓之人杰地灵也可，即谓之地灵人杰也，亦无不可。是所望于后人。

邑学生里人王正□撰

邑庠生里人王树兰书丹

福川当施钱四千

中兴号施钱五千

协盛号施钱一千

维首耆老 王式施钱四佰

王明山施钱五佰

邑庠生王□耀施钱五佰

太学生王鹤年 王光千施钱六佰

李永均施钱二佰

邑庠生王克嗣 王景光施钱五佰

王福魁施钱六佰

王景仪施钱一千

王□命施钱一千五佰

李生荣

李生□

王行□施钱一千

大清道光二年岁次壬午年瓜月

重修仁勇大帝庙并创建春秋阁碑记

清道光八年（1828）勒石，碑高 173 厘米、宽 65 厘米。

尝闻神圣之灵，缘人之敬畏而生，人之敬畏由目之感触而起，则神圣所凭依而众庶所瞻仰也。故颓垣废寺，其间岂无神明？而过之者往往目睹荒凉，肆然无忌，一旦从而修葺之，庙貌巍焕，殿宇清穆，虽庸夫俗子莫不肃然敬凛然畏者，触于目而警于心也□。仁勇大帝之灵，于今为烈敕封频加于国朝，庇护遍及乎寰宇，上而公卿大夫，下而士农工贾，咸知敬畏而崇奉之。是通都大邑以迄穷巷僻壤，庙宇之辉煌皆不约而同焉。下庄村有仁勇大帝庙，祷雨求签，无不响应洵至，神至灵之圣也。开创建之初，规模狭隘，厥俊里人重修，踵事增华而气象阔于曩昔矣。迄今又历数十年，风雨剥蚀，渐就倾颓，村中李永锡、王□嗣等纠合老幼，鸠工庀材，重加修葺，又创建春秋阁在庙之西北，基址悉仍旧规，而雕楹刻楠实足妥神明而壮观瞻。盖经营甚非易易也。自春徂冬，厥工告竣，丹雘一施，焕然改观。至是，而一乡之人心悦矣，人悦而神亦悦矣。

虽神圣之灵，不藉兹而加显，而使人触目惊心，敬之畏之，凛凛然有在上，在旁之思而不敢，或即于匪□者胥是举也。故其图度修创之劳，与夫输财输力之家，悉勒诸贞碣，以永垂于不朽。

儒学邑庠生里人王全仁撰

儒学邑庠生里人王畹兰书

堆金社布施钱一百零一千

王三锡劝捐白银五十两零二钱二分

李生荣施基地一分五厘

维首

邑庠生 王仕锦 王景仪 王□命 王行己 王友仁 王映斗 王安仁

邑廪生 王正己

岁进士 王锡兰

乡饮介宾 王光斗 王丽光 王人俊 王克嗣 李永锡 王玉山 王鹤年 王福魁 王有贞 王生花 李鹤年 李生荣 李生滨 王成名 王俊士 王敏

时大清道光八年岁次戊子瓜月毂旦

木匠 杨珠 泥水匠 王福 丹青 范生财 玉工 刘子麟

创建祠堂碑记

清光绪二十六年（1900）勒石，王家祠堂，高150厘米、宽60厘米。

盖闻创之于始者固贵，继之于终而作之于前者，尤当述之于后也。本族王氏，考之始祖乃故明成化年间人，生五子，长、五二支迄今十有七世，蕃衍昌盛，不下百余户。次、四两支少亡无继。

三支传五世乏嗣。两支虽族大丁繁，互相争竞，难于继续。先父老因将三支遗产析而为二，两支各得其一，五支所得者遂即化为乌有。惟本支所得者今祠堂院一所，东骆驼地若干亩。议欲以此项积累与三支建祠致祭，俾绝世之灵有所凭依。故易东骆驼地为本村地十七亩，得租生息尔。时余先祖考素位独任其责，后因耄倦，托余先族伯汲、甫泰董理，二公接手，敬慎其事。至咸丰戊午年，不数年创建祠堂三楹，功未竣而二公相继作古，公举余先堂叔齐溪公办理，越十余年，创建大门三楹。迨光绪三四年，岁遭大祲，斗米二千五百大钱，饥人相食，齐溪公亦故，无人经理，此事遂中废。佃户自是俱不纳粟。历十五、六年，仅奉钱粮而已。及光绪十九年族叔锐先，从堂兄时新、胞兄东晓、先族兄朝元、族兄聊昇、云亭诸人，目惊心伤，不忍坐视，因忆是举也，乃先人重三支绝祀之志也，若不究理，将何以对先人于地下乎！于是纠合族众，公通妥议，遂派诸人仍照旧规，陆续修理，补完前功，添设祠龛，敬奉木主五七个，翻然改规。庶几，上修绝世之祀，下继先人之志，一举两全，皆诸人之力焉。公议条规，刻石以传永世，命余作文以祀之。余本不文，述犹不敢，何况于作？奈兄命难违，不得已询之父老，考之家乘，谨录数语，聊志其颠末云尔。

邑庠生王东曦撰文

胞弟王东晟沐手敬书

光绪二十六年岁次庚子季春三月寒食前一日

石工 赵广渊勒碑

霞庄村关圣君庙重修乐舞台碑记

清宣统三年（1911）勒石，高 177 厘米、宽 70 厘米。

世之褒嘉关夫子者动云参、天两地。此固夫子之功德，昭著于天地间者，虽妇人孺子咸能忻颂而乐赞，宜无庸赘辞。第就其庙貌之威严而观，遍历亚洲，其星罗棋布之势，无论城镇乡村，逐处皆有。即山僻寥落，凡有人烟之区，亦莫不处处立社，家家敬奉者焉。旷观古今，凡庙亭血食之神从未有媲美于关夫子者也。使非赫赫威灵，其感人之深且远，而巍巍庙貌，其报答何能若是之众且多哉！所谓参、天两地者，非夫子曷克当此。村之阳关圣帝君庙，旧有乐舞台一座，年代久远，风雨剥蚀，渐就倾颓，若不重加修葺，恐优伶难展其伎俩，管弦不叶其音律，将何以妥神灵达圣贶而成乐舞之名乎？光绪戊子岁，吾辈十数人集议重修，缘甫踰，大禩，筹款维艰。磋议成钱会一道，作为兴工的款，因王东汇、李福谦二君世居庙之左右，举目触心，较诸人更觉开怀，遂公推二君肩任其事。阅八载会完，得钱二百余串，迨戊戌岁，鸠工庀材，择吉修葺，改旧贯而变新式，雄壮其观瞻；易三架而成四间，廓大其规模。春初经始，秋末告成。庶几神灵可妥，圣贶可答，而乐舞之名也可核实矣。于是金妆圣像，彩绘殿亭，并乐舞台而一概设色，光射丹碧，辉煌黝垩，合麟经阁而同时维新。是役也所费不资，除的款外，按亩科派。比户咸恐后而争先，沿村劝捐；诸公皆疏财而仗义，理财筹款。倡首者，竭尽其心思，区画经营，董事者，各任其劳怨。由此观之，藉非夫子之英灵默佑其事半功倍，能若是之巧且速耶？余忝附乃事，聊识其颠末，故不避笨拙，以记其详略。唯愿后之同人继此而周替焉，则余之所厚望也。

覃恩岁进士拣选州判署朔平府学训导代理本学教授历署介休、沁水等学教谕维首王凤山，次子邑庠生山西宪政研究会毕业留学本省法政学堂密镇南氏薰沐书丹

附监生军工五品衔寅卿王东曦敬撰

长□邑庠生崑岳宗氏薰沐题额

维首 王芪臣 王世昌 王跟令 王熙泰 王其祥 王恒泰

五品衔王东曦 武生王鸿翔 武生王东汇 六品衔王东晟 庠生王献棠 例贡李福谦 庠生王应奎

鬏匠 范宴海 木匠 宇文卤 □匠 李进孝

鬏匠 康平章 石匠 王拈群

大清宣统三年岁次辛亥仲春下浣

玉工 王清敬刊

五、霞庄部分太行文书

1. 民国二十九年、三十年部分收粮总数账

王震藩 　　收米 22 石

李得× 　　　收料 1 斗 2 升

李遇方 　　　收米 8 斗 6 升

王 ×× 　　　收料 7 升

王叔芹 　　　收麦 2 斗，收料 2 斗 4 升，收米 5 斗 2 升

王金明　　收米5斗3升

××福　　收料9升

×世凯　　收米2升

李建劝　　收麦2斗，收米9斗3升半

李遇端　　收料3升

李建汗　　收料2斗，收米2斗

王月来　　收麦2斗，收米4斗2升

王金文　　收料2斗4升

张××　　收料3斗8升

王振基　　收麦4斗，收料1斗7升，收米2石2斗4升

李长德　　收米5斗6升

李秃德　　收米8斗4升

李××　　收料4斗1升

王宽心　　收麦5斗，收料1斗5升，收米5石8斗8升

王木安　　收料5斗9升，又收料1斗

李叔熬　　收麦3斗，收料1斗1升7合，收米6斗6升

王连石　　收米4斗

王小石　　收麦2斗，收料9升，收米4斗

王开石　　收米5斗9升

王海石　　收米3斗

王崇文　　收料1斗2升，收米2升

李文堂　　收料1斗3升

王震东　　收料7升，收米3升

附录

王宣堂　　收料 8 升 7 合，收米 5 升

王伦仁　　收料 2 斗 6 升，收米 8 升

王××　　收麦 1 斗 6 升，收米 4 斗

×××　　收麦 2 斗，收料 4 斗

共收麦 2 石 3 斗 6 升，共收料 4 石 1 斗 8 升，共收米 19 石 3 斗 6 升。

王之谦　　收麦 1 斗 2 升 8 合，收米 4 斗 8 升

王白旦　　收麦 2 斗，收料 2 斗 0 升 4 合，收米 3 石 5 斗 3 升

王×更　　收米 1 升

王××　　收米 2 升

王 × 其　　收料 1 斗 1 升，收米 1 石 9 斗 8 升

王怀仁　　收麦 2 斗，收米 1 石 2 斗 4 升

王克仁　　收米 1 斗 2 升

王李氏　　收麦 2 斗，收料 1 斗 6 升，收米 1 石 6 斗 3 升

王连堂　　收麦 3 斗，收料 9 升 6 合，收米 6 斗 6 升

王保金　　收料 1 斗 3 升半，收米 4 斗 4 升

王××　　收料 1 斗

王有金　　收料 1 斗 5 升

保金母　　收米 2 斗

王××　　收料 2 斗 5 升

王世崇　　收料 3 斗 7 升，收米 1 斗 7 升

王福水　　收料 3 斗

– 171 –

王福贤　　收麦 2 斗，收料 9 升，收米 1 石 2 斗 0 升

王魁义　　收米 8 斗

王×德　　收料 1 斗 3 升

王育德　　收麦 3 斗，收米 6 斗 2 升

王×业　　收米 4 斗

王魁业　　收麦 2 斗，收料 1 斗 1 升 6 合，收米 1 石 0 斗 4 升

王得魁　　收米 2 斗 8 升

王成×　　收料 2 斗 8 升

王进典　　收料 2 斗 1 升 6 合，收米 1 斗 4 升

王　锴　　收料 1 斗 4 升 7 合，收米 1 石 9 斗 3 升

王木云　　收麦 2 斗，收料 1 斗，收米 2 石 0 斗 5 升

王木桂　　收米 2 斗

王秋长　　收料 2 斗 5 升 5 合，收米 2 斗 8 升

王文堂　　收米 4 斗 1 升

王靳氏　　收麦 2 斗，收料 1 斗 2 升，收米 3 石 6 斗 8 升

孙生则　　收料 2 斗，收米 1 斗

共收麦 2 石 1 斗 2 升 8 合，共收料 3 石 5 斗 6 升，共收米 23 石 6 斗 1 升。

王培勋　　收料 3 斗 3 升

王承成　　收料 2 斗 6 升，收米 4 斗 1 升

王水台　　收米 2 斗 7 升

王垒台　　收料 1 斗 2 升，收麦 2 斗 2 升，收米 2 石 6 斗 2 升

王×山　　收料2斗9升，收米1斗3升

王××　　收料4斗1升，收米2斗

王有仓　　收料4斗1升，收米1斗

尹保成　　收麦2斗3升

王周之　　收料1斗，收米4升

王枝松　　收料2斗

王增珍　　收料1斗，收米4斗2升

王允迪　　收米6斗6升

王宇双　　收米3斗

王宇秀　　收料1斗，收米4升

王宇康　　收米6升

王清顺　　收料4斗8升，收麦8斗8升，收米7石8斗9升

王福水　　收料1斗5升

王德业　　收料4升，收米1升

王松德　　收料1斗1升，收麦2斗，收米4斗

王新乐　　收料3升

王逢堂　　收料2斗，收麦9斗1升，收米3石3斗

王怀德　　收料9升

王计德　　收料2斗6升

王×良　　收料9升，收麦1斗8升，收米1石1斗

王×群　　收麦3斗，收米1石0斗2升

王拈太　　收料2斗，收米2斗

王　彦　　收麦3斗，收米7斗5升

王×藩　　收米4斗1升

王　谨　　收料6斗9升，收麦1石2斗7升，收米9石4斗5升

王克勤　　收料6斗，收麦1斗4升，收米1石

王双和　　收料3斗1升

共收麦5石7斗3升，共收料5石9斗2升，共收米39石7斗1升。

王×氏　　收麦2斗，收料2斗2升，收米3石8斗5升

连更田　　收料1斗7升

王××　　收料1斗4升

王小仓　　收料2斗9升

王利生　　收料2斗5升

王文生　　收麦3斗，收料3斗2升，收米4石

王小牛　　收料1斗4升5合，收米4升

王　铨　　收麦4斗，收料2斗9升，收米5石5斗4升

王　铫　　收麦3斗，收料2斗4升，收米5石8斗7升

王　铭　　收麦3斗8升，收料1斗2升，收米8斗

王　×　　收麦2斗，收料1斗3升，收米8斗6升2合5勺

王×堂　　收料2斗

王补堂　　收米5斗5升

王　岷　　收料1斗7升，收米1斗1升

王　屿　　收料2斗1升，收米9升

王振西　　收米1斗5升

王　丞　　收料1斗1升，收米4石3斗6升

王×盛　　收料1斗，收米2石3斗5升

王×士　　收料1斗，收米1斗

王丕成　　收麦2斗，收米2石2斗

王楚乡　　收料1斗3升，收米8斗

王建宽　　收麦1斗，收米4斗3升

王丙午　　收料2斗5升

王世茂　　收料1斗2升，收米1石0斗5升

王专堂　　收麦3斗，收料1斗8升，收米2石4斗2升

王×堂　　收麦4斗，收料2斗5升，收米8石4斗6升

王保仓　　收料8升

共收麦2石7斗8升，共收料4石1斗7升，共收米44石4斗3升。

以下为此账本部分图片：

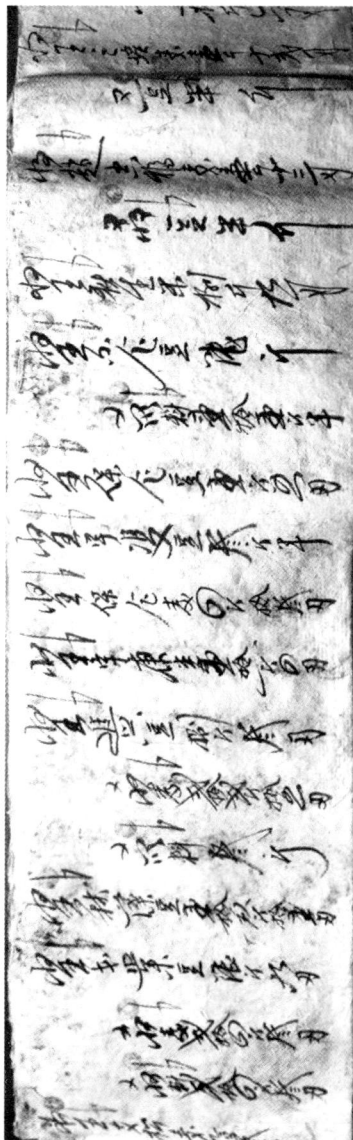

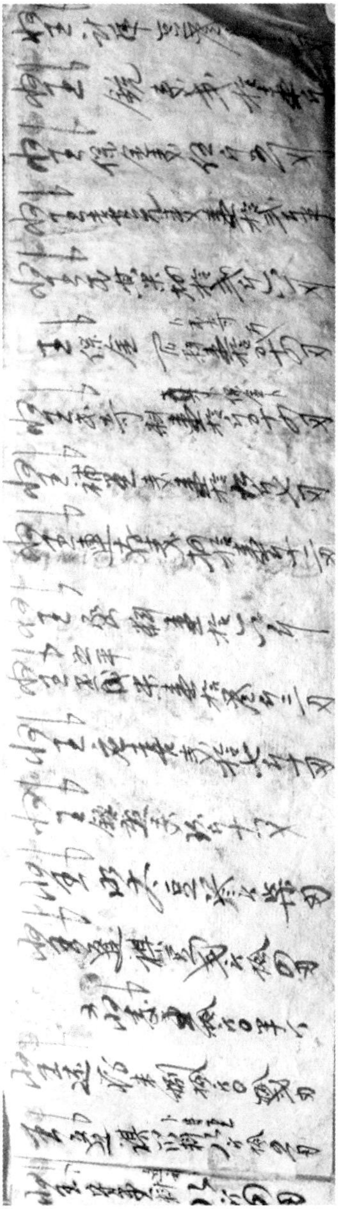

2. 霞庄财委会民国三十年部分收支粮账

10 月份

17 号收霞庄附村二次供麦 926 斤，脱 16 斤

支主村公所麦子 910 斤（王铨代表送陈村四分院）

19 号收霞庄附村二次借麦 62 斤半

支主村公所麦子 62 斤半合 5 斗（民用工作队）

收霞庄附村麦子 262 斤

支主村公所麦子 262 斤 10 两（交平顺西坡）

25 号收霞庄附村 × × 公粮米 3590 斤

27 号收霞庄附村二次借麦 282 斤 10 两，短补 32 斤 12 两

12 月份

29 号收霞庄主附村 30 年公粮麦子 300 斤

支主村公所 30 年公粮麦子 300 斤（交民用工作队保存）

30 号收霞庄主村 30 年公粮米 500 斤

支主村公所 30 年公粮米 500 斤（子弟兵大队部）

收霞庄附村 30 年公粮小米 500 斤

支主村公所 30 年公粮小米 500 斤

自此以前作为查考

自此开始十月份

收霞庄附村二次借麦 910 斤

支主村公所二次借麦 910 斤

收霞庄附村二次借麦 62 斤半

收苏村附村二次借麦 437 斤半

支主村公所二次借麦 500 斤

收霞庄附村 30 年公粮小米 3596 斤半

收苏村附村 30 年公粮小米 1703 斤半

支主村公所 30 年公粮小米 5300 斤

收霞庄附村二次借麦 260 斤

收苏村附村二次借麦 205 斤

支主村公所二次借麦 465 斤

收霞庄 30 年公粮麦子 300 斤

支主村公所 30 年公粮麦子 300 斤

收霞庄附村 30 年公粮小米 500 斤

支主村公所 30 年公粮小米 500 斤

收霞庄附村 30 年公粮小米 500 斤

支主村公所 30 年公粮小米 500 斤

收霞庄附村 30 年公粮小米 30 斤

支主村公所 30 年公粮小米 30 斤

收霞庄附村 30 年公粮小米 30 斤

支主村公所 30 年公粮小米 30 斤

收霞庄 30 年公粮玉茭 1268 斤，小米 35 斤 12 两

支主村附村 30 年公粮玉茭 1268 斤，小米 35 斤 12 两

收霞庄附村 30 年公粮小米 119 斤 6 两

支主村公所 30 年公粮小米 119 斤 6 两

收霞庄附村 30 年公粮小米 98 斤 6 两

支主村公所 30 年公粮小米 98 斤 6 两

以上共支小米 6583 斤半，收下 4880 斤

又支麦子 2175 斤，收霞庄 1532 斤半

又支玉荵 1268 斤

收苏村 30 年麦子 100 斤，花料 156 斤

收霞庄米 270 斤，麦子 300 斤

收霞庄 30 年米 3000 斤

收苏村 30 年米 3435 斤

支主村公所米 9450 斤

收霞庄村花料 920 斤

收苏村花料 1000 斤

支主村公所花料 1920 斤

收霞庄 30 年米 44 斤半

支主村公所米 44 斤半

收霞庄米 301 斤，麦子 33 斤

支主村公所米 301 斤，麦子 33 斤

收苏村米 500 斤

支主村公所米 500 斤

收霞庄米 400 斤，麦 40 斤

支 ××× 指导员米 400 斤，麦 40 斤

收霞庄 30 你那米 59 斤

收霞庄附村 29 年公粮小米 2700 斤

收苏村附村 29 年公粮小米 2700 斤

支主村公所 29 年公粮小米 5400 斤

收霞庄附村 29 年公粮小米 1800 斤

支主村公所 29 年公粮小米 1800 斤

收霞庄附村 29 年公粮小米 304 斤 12 两

支主村公所 29 年公粮小米 304 斤 12 两

收霞庄附村 29 年公粮小米 116 斤

收苏粗附村 29 年公粮小米 189 斤

支主村公所 29 年公粮小米 305 斤（村长未给收据）

收苏村附村 29 年公粮小米 411 斤 2 两

收苏村附村 29 年公粮小米 411 斤 2 两

支主村公所 29 年公粮小米 411 斤 2 两 （欠没收据）

收霞庄 29 年米 539 斤 4 两

支主村公所米 539 斤 4 两

以下为此账本部分图片：

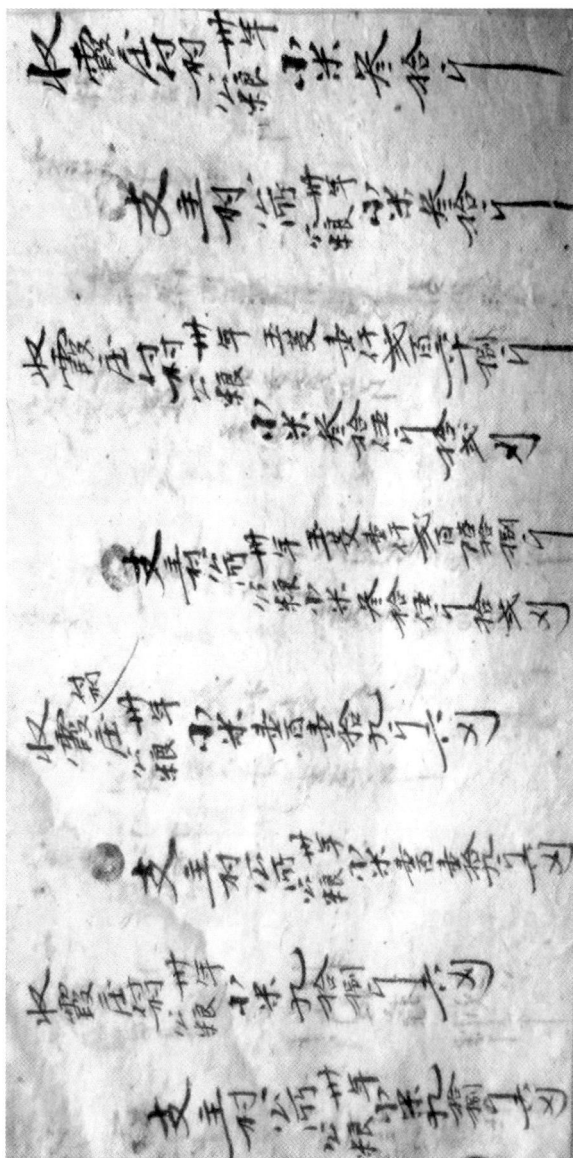

3.霞庄主村部分收支粮款移交账（民国三十一年五月十七日）

骈锐发经手收支公粮

新收

收苏村李兰连米 14 石 5 斗 6 升

收王建辛米 21 石 1 斗 9 升

收霞庄李石鸿米 71 石 2 斗 1 升

以上三家共收米 106 石 9 斗 8 升零 1 勺

开除

支区拨联办米 30 石

支区拨三八六旅米 37 石 3 升

支区拨决三队米 40 石

支区拨随校米 4050 斤

支区 × 青支队米 10 石

以上共支米 100 石 37 石 3 升

实存

净不敷 米 × × ×

大中队存米 3352 斤

伏决三队存米 2 石 5 斗

伏 × 员公代存米 379 斤 5 两

申效良经手收支公账

旧

骈手移来麦 9 斗 9 升，玉茭折米 5 斗 9 升

新收

收霞庄米 2693 斤 14 两，收苏村米 × 石

收霞庄米 44 石 6 斗 6 升

收霞庄米 30 石

以上共收米 2693 斤 14 两

连前共收米 2693 斤 14 两，麦 9 斗 9 升

开除

支区拨新一旅米 50 石

支区拨五四 × 米 165 斤

支区公所麦 3 斗 8 升

又支米 2430 斤

支区公所借米 4725 斤

支区拨干部粮食米 2060 斤 3 两

支区公所花椒折米 27 斤半

支本村学校借麦 4 斗

以上共支米 ××81 斤 11 两 50 石，麦 7 斗 8 升

实存

×× 数折斤数净不敷米 3248 斤 2 两

新一旅存米 5 石 3 斗 3 升 1 合

五旅十三团存米 411 斤 2 两

干部食粮存米 2060 斤 2 两

收王其生米 6 斗

以上共存米 3277 斤 5 两，内有脱过麦 2 斗 1 升

29 年接手收支列数

新收

收霞庄米 2700 斤

收苏村米 2700 斤

收霞庄米 1800 斤

收霞庄米 304 斤 12 两

收苏村米 189 斤

收霞庄米 116 斤

收苏村米 411 斤 2 两

收霞庄米 539 斤 4 两

共收霞庄米 5460 斤

共收苏村 3300 斤零 2 两

两村共收 8760 斤 2 两

开除

支区拨新一旅二团米 5400 斤

支同上小米 1800 斤

支区拨本村学校米 304 斤 62 两

支区拨村公所干部食粮米 305 斤

支申效良 ×× 十三团米 411 斤 2 两

支申效良 × 公干部食粮米 536 斤 4 两

以上共支米 8760 斤 2 两

30 年经手收支

新收

收霞庄二次借麦 926 斤

收苏村二次借麦 437 斤半

收霞庄二次借麦 62 斤半

收苏村公粮米 1703 斤半

收霞庄公粮米 3596 斤半

收霞庄二次借麦 265 斤

收苏村二次借麦 200 斤

收霞庄公粮麦 300 斤

收霞庄公粮米 500 斤

收霞庄公粮米 30 斤

收霞庄公粮米 500 斤

收霞庄公粮玉茭 1268 斤，米 35 斤 12 两

收霞庄公粮米 119 斤 6 两

收霞庄公粮米 98 斤 6 两

收苏村公粮麦 100 斤，花料 146 斤

收霞庄公粮米 270 斤，麦 30 斤

收霞庄公粮米 6000 斤

收苏村公粮米 3450 斤

收霞庄公粮花料 920 斤

收苏村公粮花料 1000 斤

收霞庄公粮米 44 斤半

收霞庄公粮米 301 斤，麦 33 斤

收苏村公粮米 500 斤

收霞庄公粮米 47 斤

收霞庄公粮米 400 斤，麦 40 斤

以上共收米 17606 斤，麦 2394 斤，玉茭 3344 斤

开除

支区拨四 ×× 二次借麦 910 斤

支区拨民用工作队 二次借麦 500 斤

支区拨新一旅粮 × 料米 5300 斤

支区拨四分区二次借麦 465 斤

支区拨 × 民用工作队麦 300 斤

支区拨子弟兵大队部米 500 斤

支区拨新一旅工作员米 30 斤

支区拨县府轮训队米 500 斤

支区拨公安局米 35 斤 12 两，玉茭 1268 斤

支区拨巡视团米 119 斤 6 两

支区拨武委会米 98 斤 6 两

支区拨交通局麦 100 斤，花料 156 斤

支区拨农业税务所米 170 斤，麦 30 斤

支区拨新一旅粮食料米 9450 斤

支区拨一旅粮食料花料 1920 斤

支区拨本村学校公所米 301 斤，麦 33 斤

支区拨苏村退伍军人米 500 斤

支区拨××教员米×7斤

支区拨×××指导×米400斤麦40斤

共支米17602斤，麦2373斤，玉茭3344斤

连前共收米26366斤2两，麦2393斤，玉茭3344斤

连前共支米26366斤2两，麦2378斤，玉茭3344斤

新收

共收米26366斤2两

共收麦2394斤

共收玉茭3344斤

开除

共支米26366斤2两

共支麦2378斤

共支玉茭3344斤

实存

净存麦16斤

代表王铨负责

兹将29年接至30年钦列×骈锐发×任收支

新收

收霞庄石鸿教育借款洋149元8毛

收霞庄崇文存公×洋17元7毛5分

收苏村兰连洋60元

以上三家共收洋227元5毛5分

申效良经任收支

收霞庄王树檩洋 955 元 1 毛

收苏村王建章洋 430 元 4 毛

以上共收二家洋 1385 元 5 毛

李遇方经任收支

收霞庄附村洋 494 元 6 毛 8 分

李石敫经任收支

新收

收霞庄 29 年合理负担洋 192 元 9 毛 5 分，罚 13 元 5 角 5 分

收苏村 29 年合理负担洋 100 元 1 角，罚 9 元 9 分

收苏村 29 年合理负担洋 200 元，罚 33 元 3 毛 3 分

收霞庄 29 年负担洋 58 元 2 毛，罚 9 元 7 毛

收霞庄 29 年负担洋 60 元 罚 10 元 50 元

收霞庄 29 年负担洋 91 元 × 毛，罚 15 元 2 毛

收霞庄 29 年负担洋 165 元，罚 23 元 5 毛

以上共收款洋 2853 元 02 分

开除

支区公所 29 年负担款洋 1383 元 9 毛

支区公所 29 年负担款洋 266 元 3 毛

支区公所 29 年负担款洋 166 元 6 毛 6 分

支区拨本村公 ×× 办公费洋 48 元 5 毛

支区拨本村学校经费洋 50 元

支区拨本村学校教员 × 水洋 76 元 3 毛 4 分

支区拨本村学校经费洋 137 元 5 毛

支骈锐发交区洋 227 元 5 毛 5 分

支李遇方交区洋 494 元 6 毛 7 分

以上共支洋 2851 元 4 毛 2 分

新收

共收洋 2853 元 02 分

开除

共支洋 2851 元 4 毛 2 分

实存

净存洋 1 元 6 毛

交财委王兆端

以下为此账本部分图片：

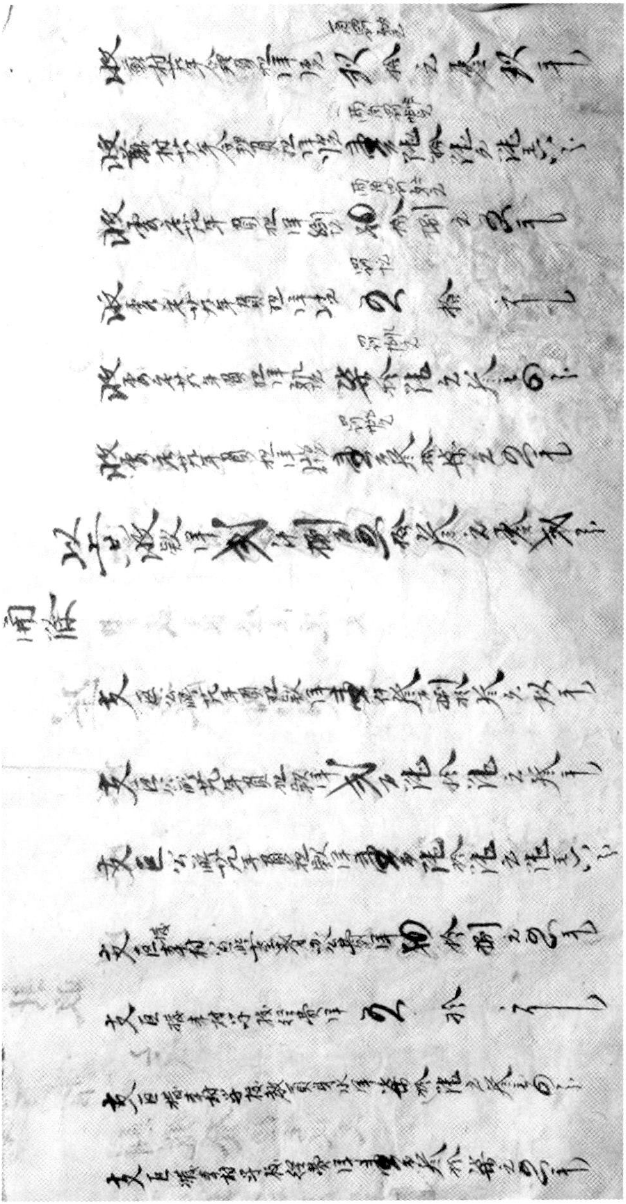

后　记

　　霞庄，太行山深处的一个百年古村。村中文风盛行，学者众多，亦有不少商业经营者，两大宗族的村民生活简单清贫，安逸静谧。但随着抗日战争的全面爆发，日军的铁蹄踏进了这个平静的村庄，霞庄是不幸的，日军的侵略给村庄、村民造成了极大的损失，土地流失、家园被毁、钱财粮食被抢，亦有不少人员伤亡。敌人不定时地"扫荡"，村民只好四处逃难，生产与生活都受到严重影响。然而，霞庄又是幸运的，地处太行根据地的它，在党组织与八路军的带领下，村民们在战争的夹缝中迎来了一种新的生活。从村庄动员入党参军到发展农业、变革文化等，村民的点点滴滴都开始发生转化。

　　书稿对抗战时期霞庄民众的生活进行了梳理，而在整个转化过程中，我们可以发现以下几点：

　　第一，整个转化的过程中，最为重要的便是思想的转变。农民只有改变思想，从心理上接受中共，才可以在中共的领导下发展生产，才可以军民一心共御外敌。从刚进村时的动员入党、参军到消除面对灾荒时的不安，村民逐渐稳定情绪、改掉陋习、延续教育，对中共的认识越来越深刻，军民齐心抗战走上正轨。在这个过程中形成了一种良性的循环，思想的转变使村民情绪高涨从而促进生产。生产的不断发展，又让村民更加信任中共，认同他们的领导，更愿意接受新的思想。如此往复，不仅霞庄的村民，就连整个太行区的民众都成为中国共产党的有力支持者。

第二，抗战的八年中，中国共产党的领导不仅使霞庄发生了翻天覆地的变化，更重要的是自此一些村民的人生轨迹发生了改变。他们的角色不再拘泥于普通的农民，在新思想、新教育的洗礼下实现了自我升华，如由童养媳到纺织英雄的李秀莲、由"纨绔子弟"到党员干部的李有存、由贫农到劳动英雄的王逢奇，还有"地雷大王"王有金、杰出教育者李书敩等。1944 年 11 月，在黎城南委泉村召开了太行区第一届群英会，评选出杀敌英雄 31 名、劳动英雄 39 名。[1] 这些都是普通的平民生产者，新思想加速了他们的成长，平民英雄的事迹和群英会的精神传遍每个村庄，他们受到了无尚的荣誉。

第三，中国共产党的到来，不仅使霞庄原本的优良传统传承下来，而且开辟了一些新的领域。文风盛行没有断裂，反而越来越好，成为霞庄的标志。中华人民共和国成立以后的几十年，教育事业更是愈发蓬勃发展，大专以上院校毕业生有百人之多。[2] 纺织业从无到有，从有到优，让霞庄成为远近闻名的纺织大村，村中妇女全部学会纺花织布。参战的民兵也逐渐增多，1945 年上党

---

[1] 太行革命根据地史总编委会：《太行革命根据地史稿》，太原：山西人民出版社，1987 年，第 224 页。

[2] 《黎城县霞庄村志》，第 75 页。

战役参战民兵达 100 多人，共参战 50 多天，1948 年 2 月 100 余人参加了临汾战役，1949 年冬百余人参加了长达 5 个月的解放太原的战役。他们为解放战争的胜利作出了巨大贡献，并且这些优良传统都延续下来，为霞庄的发展写下了浓墨重彩的一笔。

霞庄的发展只是太行山区众多村庄的缩影，作为一个特殊但也具有普遍性的村庄，无形中它成为中共革命的"实验场"。但无论是村民人生轨迹的改变还是这个村庄的良性发展，它的变化都说明抗战时期中共对农村、对群众实行的方针是正确的，成效是值得肯定的；而太行区的村民淳朴正直，滴水之恩当涌泉相报，无私地为军队提供粮食、钱财，成为中共坚强的后盾。8 年来，太行区的民兵、自卫队共作战 33716 次，1940 年到 1943 年 4 年期间，共有 3842 人牺牲。[①] 他们的英勇事迹将无私奉献、不畏艰险的太行精神体现得淋漓尽致。如今，作为革命老区的太行山，成为民众心中的红色圣地，纵横的山脉穿过一个个村庄，承载着中华儿女对革命的记忆，"党政军民"桥[②]下的流水潺潺不休，仿佛在讲述军民一心的团结之情；无数英雄的热血洒在这片大地上，那些平凡的名字印刻在烈士碑上，英魂不灭，永远记录着这场战争。

---

① 太行革命根据地史总编委会：《太行革命根据地史稿》，太原：山西人民出版社，1987 年，第 270 页。

② 四座桥位于黎城县柏峪乡、上遥镇，名曰"小平桥""秀峰桥""伯承桥""省贤桥"，此四桥是党政军民团结的象征，也是黎城人民引以为豪的革命胜迹。

参考文献

一、档案资料

本文所涉及的档案资料均来自黎城县档案馆馆藏资料：

[1]《黎城县政府关于抗日战争民兵武装填发土地证工作总结、通知表报》，档案号：54-7，1941年。

[2]《中共黎城县委关于干部变动和党员干部配备工作计划、总结统计表》，档案号：54-12，1942年。

[3]《中共黎城县委关于各系统党员干部增减变化情况统计表》，档案号：54-16，1943年。

[4]《入党志愿书》，档案号：54-17，1943年。

[5]《黎城联合办公室关于秋树垣村生产土改、整党、划阶级成分工作总结报告》，档案号：54-28，1944年。

[6]《黎城霞庄村八年抗日战争损失表》，档案号：54-50，1945年。

[7]《黎城联合办公室关于东关、下庄、西仵土改、整党工作总结表报》，档案号：54-96，1947年。

[8]《黎城县政府关于劳动、杀敌英雄登记表》，档案号：55-21，1944年。

[9]《黎城黎北县政府关于参军归队、各种英雄、八年抗战

损失方面的总结、报告表报》，档案号：55-34，1944年。

[10]《黎城县政府关于霞庄、子镇、长垣等农业工作情况调查》，档案号：55-117，1946年。

[11]《黎城一、二、三区各村参军统计表》，档案号55-203，1948年。

二、太行文书

本文所涉及的太行文书均来自霞庄村村长李建华所藏资料：

[1]《霞庄村民国二十六年地亩账》（三本）

[2]《霞庄主村收支粮款移交账》（民国三十一年五月十七日）

[3]《二十九年三十年收粮总数账》

[4]《二十九 三十年应支未支应收移交清账》

[5]《收支各项粮秣四柱移交清账》

三、资料汇编

[1]《李达军事文选》编辑组：《怀念李达上将》，北京：长征出版社，1997年。

[2]刘泽民等主编：《山西通史 卷8 抗日战争卷》，太原：山西人民出版社，2001年。

[3]太行革命根据地史总编委会：《太行革命根据地史稿》，太原：山西人民出版社，1987年。

[4]太行革命根据地史总编委员会：《太行革命根据地史料丛书》（共12册），太原：山西人民出版社，1989—1991年。

[5]山西省档案馆：《太行党史资料汇编第6卷》，太原：

山西人民出版社，2000年。

［6］中共黎城县委党史研究会：《中国共产党黎城县简史（1937—1949）》，北京：新华出版社，1991年。

［7］中共山西省委党史办公室：《抗日战争时期山西人口伤亡和财产损失课题调研成果 长治卷》，太原：山西人民出版社，2010年。

［8］中国抗日战争军事史料丛书编审委员会：《八路军回忆史料2》，北京：解放军出版社，2015年。

四、地方志

［1］刘书友：《黎城旧志五种》，北京：北京图书馆出版社，1996年。

［2］黎城县志编纂委员会：《黎城县志》，北京：中华书局，1994年。

［3］《黎城县霞庄村志》，2001年。

五、专著

［1］［澳］大卫·古德曼：《中国革命中的太行抗日根据地社会变迁》，北京：中央文献出版社，2003年。

［2］冯崇义、古德曼：《华北抗日根据地与社会生态》，北京：当代中国出版社，1998年。

［3］李雪峰：《李雪峰回忆录——太行十年》，北京：中共党史出版社，1998年。

［4］李金铮：《近代中国乡村社会经济探微》，北京：人民出版社，2004年。

〔5〕李秉奎：《太行抗日根据地农村党组织研究》，北京：中共党史出版社，2011年。

〔6〕乔志强、行龙：《近代华北农村社会变迁》，北京：人民出版社，1998年。

〔7〕阮章竞口述：《异乡岁月 阮章竞回忆录》，北京：文化艺术出版社，2014年。

〔8〕魏宏运：《二十世纪三四十年代太行山地区社会调查与研究》，北京：人民出版社，2003年。

〔9〕王苏陵：《三晋石刻大全 长治市黎城县卷》，太原：三晋出版社，2012年。

〔10〕王生甫，任惠媛著:《牺盟会史》，太原:山西人民出版社，1987年。

〔11〕郑会欣：《战前及沦陷时期华北经济调查》，天津：天津古籍出版社，2010年

〔12〕赵正晶：《烽火太行半边天》，北京：中央文献出版社，2005年。

〔13〕张玮：《战争·革命与乡村社会》，北京：中国社会科学出版社，2007年。

六、期刊论文

〔1〕黄正林：《论抗战时期陕甘宁边区的社会变迁》，《抗日战争研究》，2001年第3期。

〔2〕韩晓莉：《战争话语下的草根文化论抗战时期山西革命根据地的民间小戏》，《近代史研究》，2006年第6期。

［3］江沛：《民国时期华北农村社会结构变动》，《南开学报》，1998 年第 4 期。

［4］江沛：《华北抗日根据地的社会变迁评析》，《抗日战争研究》，2000 年第 2 期。

［5］李金铮：《抗日根据地社会史研究的构想》，《抗日战争研究》，1996 年第 1 期。

［6］李金铮：《"新革命史"：由来、理念及实践》，《江海学刊》，2018 年第 2 期。

［7］李金铮：《抗日根据地史研究的回顾与展望》，《抗日战争研究》，2004 年第 2 期。

［8］李金铮：《"新革命史"转型：中共革命史研究方法的反思与突破》，《中共党史研究》，2010 年第 1 期。

［9］李金铮：《也论近代人口压力：冀中定县人地比例关系考》，《近代史研究》，2008 年第 4 期。

［10］李金铮：《毁灭与重生的纠结：20 世纪三四十年代中国农村手工业前途之争》，《江海学刊》，2015 年第 1 期。

［11］李金铮：《土地改革中的农民心态：以 1937—1949 年的华北乡村为中心》，《近代史研究》，2006 年第 4 期。

［12］李金铮：《农民何以支持与参加中国革命》，《中共党史研究》，2012 年第 11 期。

［13］魏宏运：《抗战第一年的华北农民》，《抗日战争研究》，1993 年第 1 期。

［14］岳谦厚：《抗战期间山西潞泽沦陷区农业经济研究》，

《太原师范学院学报（社会科学版）》，2018年第1期。

七、学位论文

［1］董佳：《中共革命在一个村庄的经历》，山西大学硕士论文，2006年。

［2］刘树芳：《抗日战争时期晋察冀边区中共乡村党组织形态研究》，中央民族大学博士论文，2013年。

［3］刘莎莎：《抗战时期中国共产党在晋东南地区展开妇女动员的探析》，天津师范大学硕士论文，2012年。

［4］刘润民：《战争·革命与吕梁山区社会之演变》，山西大学博士论文，2007年。

［5］王荣花:《中共革命与太行山区社会文化的变迁（1937—1949）》，河北大学博士论文，2011年。